皖江典藏档案
——安庆部分馆藏研究

吴曦翔 ◎ 著

山西出版传媒集团
三晋出版社

图书在版编目（CIP）数据

皖江典藏档案：安庆部分馆藏研究 / 吴曦翔著. -- 太原：三晋出版社，2022.8
　　ISBN 978-7-5457-2525-4

Ⅰ.①皖… Ⅱ.①吴… Ⅲ.①博物馆—收藏—历史文物—研究—安庆 Ⅳ.① K872.543.2

中国版本图书馆CIP数据核字（2022）第135822号

皖江典藏档案：安庆部分馆藏研究

著　　者：	吴曦翔
责任编辑：	张　路
出版者：	山西出版传媒集团·三晋出版社
地　　址：	太原市建设南路21号
电　　话：	0351-4956036（总编室）
	0351-4922203（印制部）
网　　址：	http://www.sjcbs.cn
经销者：	新华书店
承印者：	山西基因包装印刷科技股份有限公司
开　　本：	720mm × 1020mm　1/16
印　　张：	9.75
字　　数：	150千字
版　　次：	2024年7月　第1版
印　　次：	2024年7月　第1次印刷
书　　号：	ISBN 978-7-5457-2525-4
定　　价：	68.00元

如有印装质量问题，请与本社发行部联系　电话：0351-4922268

编委会

吴曦翔（安庆博物馆）
王红星（安庆博物馆）
程春晓（安庆博物馆）
叶子瑜（安庆博物馆）
杨晓俏（安庆博物馆）

自 序

我出生在一个普通的工人家庭。姐弟三人。父母均是1958年来安庆支持内地建设参加工作后落户。父亲当年随舅舅赵定邦来安庆,后来舅舅考到外交部离开。童年见过父亲的一些繁体字书籍,有小说、散文作品选之类,书扉上有舅舅名字。曾听父亲说过,舅舅后来在海外驻巴西领事馆工作。

幼时聪慧,调皮贪玩,不受约束,缺有学识长辈的管教,使自己人生后来的路途坎坷。自小喜欢读文学类书籍,读读写写,好弹六弦琴,但始终无所建树。或许祖德庇佑,20世纪90年代,进入安庆市博物馆工作,接触文史,始知学识浅薄,于是发奋自学。花费近七年时间,攻读汉语言文学专业,尤其对王力著的三本《古代汉语》,咬着牙下了一番苦功,一路走来,日日夜夜,其中的苦水与艰辛只有自知。本科学习对材料编撰的构架、铺叙、逻辑衔接等各个层面大有裨益,提高了阅读古文,碑刻断句、释义,地方志文献资料阅读等能力。

工作不久就受胡寄樵馆长提携,在群工陈列部从事文字工作。胡老常语重心长地对我说:"博物馆这项工作,要耐得住寂寞,受得住清贫。"良言始终铭记。朝夕相处,胡老为人处事治学,对我影响很大。那时在熊、范二烈士专祠老馆上班,常接触"戒衶绸桑""明德惟馨"碑刻,暗想在这里要工作一辈子,不能荒废年轻的自己,要把这些历史上的碑刻搞清楚告知后人。现在回忆起来,那些曾经历经的事与知遇的人,原来都是我从事这项工作和人生路上指点我的人。

随着工作的深入,才深感文史工作的责任与使命。文史工作者追求的史实精神,上可溯至《史记》作者司马迁,"究天人之际,通古今之变,成一家之言",深铭肺腑的千古名句。认识历史,就需要构建正确的历史观,建立一套自我对历史认知的知识构架体系。

在近代中国"五四"以后,中国历史学界出现了"信古""疑古""考古""释古"四大流派。"信古派",抱残守缺,坚持封建主义史学立场,是"五四"后中国史学界的一股逆流。王国维先生创始的"考古派",把地下之实物与纸上之遗文相参验,以甲骨证商史,以金文证周史,"补证纸上之材料","证明古书之某部分全为实录,即百家不雅驯之言,亦不无表示一面之事实"(王国维《古史新证》)。他们在中国古史研究上或者说在中国古代史料的考证工作上,做出了卓越的贡献,奠定了真实、科学的中国古史体系的坚实基础。"释古派",以近现代的科学方法将史料融会贯通,"分析其因子,推论其源流"(陈寅恪《隋唐制度渊源略论稿》)不仅要阐明历史的真相,而且要揭示历史发展的规律。以顾颉刚先生为代表的"疑古派",与"信古派"持反对立场,力图扫荡不科学、不真实的古史传说;与"考古派"态度相近,力图建设真实、科学的古史体系。"疑古派"与"考古派"的工作,是"释古派"史学研究的前提。所以,顾颉刚先生的疑古思想及其学术实践,是中国近代史学发展链条上的一个重要环节。

我们现在认知的史实,都是通过史家遗留下的认知来认识的,而史家是通过史料认识史实的。历史研究就是这三大元素,即史实、史料、史家,以及这三者关系的论证。

前辈史家有意的筛选和无意的疏漏,终究会使后辈始终有理由质疑他的论述是否真实,就这个层面而言,历史研究是一个不断追求"真"的过程,尽管这种"真",缺乏实物考证,与追求的"真"差距巨大,或许永远难以寻求,但是,这正是从事文史工作者的责任与使命,永不停息追求史实的"真",正所谓"虽不能至,心向往之"。

既然历史的"真"或永难寻求,为什么还要孜孜以求?英国历史学家卡尔对这个问题的解释是,"历史学家应对历史事实做出必要的解释"。何谓"必要的解释"?就是因为历史学家研究的过去,并不是"消逝"的过去,而是在某种意义上依然在现实世界中"存活"的"过去"。肖黎在《中国历史学四十年》中指出:"历史学研究人类的过去,但其视野注视着人类的现在和未来。"也就是说,"必要的解释"而不是"真实的解释",使得每个时期的历史学家承担着不同的"解释任务"。历史事实若缺乏"解释",是毫无价值的。

清代康有为著《新学伪经考》《孔子改制考》《大同书》，竭力描述"据乱世""升平世""太平世"之历史演进的目的，就是通过对历史的"解释"，强调维新变法的意义。"历史是面镜子"，从历史走向未来，在历史文化中汲取智慧，而不要重蹈历史的覆辙。卡尔的历史观，使我们认识到，历史也是个经常需要通过"借古喻今"以掩饰真实目的的"幌子"。自此对历史的迷惑已久的心结解开，思路也渐晰，研究历史的三大元素，史实、史料、史家，以及三者的逻辑关系，史家是通过史料来研究史实的。明白了研究历史，是一个永远追求消逝过去发生过的史实的"真"的过程，在研究过程中，形成认知和史料的积累，逐步来实现我们对史实的必要解释。

安庆地处长江中下游皖江流域险要位置，明、清、民国时期的大发展，得益于长江水路要冲位置及定都南京及国家层面发展的战略上。西受楚文化影响，东受吴越文化影响，北受淮河、黄河中原文化影响，在千百年文化中的交流、碰撞、冲击、积淀中，皖江流域形成自己的皖江文化与文明。安庆近代史是一个鲜活实例，能够单独以一个侧面，展现中国近代史中近代化过程的艰辛历程。

文化是人与自然、主体与客体在实践中对立统一的产物，是人类本质力量创造性的体现，是人的不同形态的创造物的多元复合体。馆藏文物是指文物收藏单位收藏的，属于人类在历史发展进程中遗留下来的、由人类创造或者与人类活动有关的一切具有历史价值、艺术价值、科学价值的物质遗存，是可视可感的、能够从外部加以把握的物质文化形态，能以实物形式展现过去发生过的历史史实。

安庆皖江流域的博物馆典藏，系以实物载体的信息方式，反映出皖江文化，本书仅以一个侧面来展现皖江文化的点点滴滴，希望能引起更多的人士来关注、思考、探索，这是我的初衷。每个人都无法摆脱自我命运中人性的局限性，缺点与不足之处，敬请方家海涵。

作者吴曦翔
2022年4月

目 录

第一篇 战国、两汉——皖国名鉴篇 ······01
战国潜山山字纹铜镜解析 ······01
别具匠心的战国花叶纹铜镜 ······06
旷世珍宝越王丌北古剑 ······09
从汉七乳神兽镜看汉代镜发展演变及特征 ······14
汉代尚佳、尚方铭博局纹镜 ······17

第二篇 唐宋、元明——安庆府篇 ······20
由双鸾衔绶镜窥唐镜风骨一斑 ······20
唐宝相花铭带铜镜及宝相花纹饰的演变 ······22
"唐镜瑰宝"海兽葡萄镜品赏 ······26
宋"五子登科"铭铜镜 ······29
目连戏及目犍连尊者 ······31
明代青花牡丹孔雀纹梅瓶品鉴 ······36
"戒衪绸桑"碑文释义 ······40

第三篇 清省府、都会——皖江萌动篇 ······42
康熙青花仕女婴戏纹将军罐 ······42

清代何采书法条幅浅析·················46

弥足珍贵的两件邓石如草书代表作品·················48

清桐城籍张敔、张乃轩写意花鸟赏析·················52

安庆万寿宫考辨·················61

"明德惟馨"碑刻的由来·················73

重建英果敏公祠记考略·················80

第四篇 民国——皖江觉醒篇·················86

安庆辅仁局碑记、碑刻·················86

民国安庆森林公园及《棠荫亭记》碑刻·················92

蔡仲贤《请仙问世局》手迹、金鸡碑及戏神阁·················96

安徽辛亥革命奇士韩衍事略·················101

熊、范二烈士专祠祠记考略·················108

辛亥烈士吴越名"越""樾"考异·················112

第五篇 现代——皖江新生篇·················124

陈独秀赠送挚友书法对联·················124

飘逸流畅书风采凌云壮志报国情——陈独秀草书中堂欣赏·················127

陈独秀两副"行无身处"七言联·················130

黄镇与张艺谋——一段鲜为人知的故事·················134

潘基文给黄镇题字·················137

《长征画集》原作今在何处·················140

第一篇 战国、两汉——皖国名鉴篇

战国潜山山字纹铜镜解析

安庆潜山,皖国古都,堪称安徽之源,新石器薛家岗文化遗址所在地,文物发掘出土较多,潜山博物馆珍藏颇丰,尤其青铜镜,其中庋藏的战国山字纹铜镜,精美绝伦。

第一方(图1-1),五山字纹镜。一级,发掘出土。直径12.4厘米,厚0.67厘米,重340克。主纹饰五山字纹,无花或花瓣辅助形纹饰,地纹全是涡状羽纹。钮制为弓形钮,钮顶两道凸弦。底座为宽窄两圈圆形环带。因五山字,比四山字多出一个,在构图布局上有别于四山字镜对称形式,而是以圆形底座为中心,围绕钮座环绕,均匀分置五个部分,呈现环绕式排列。五个山字中间的一竖,斜顶镜背内区的内缘,其余两竖的顶端,各有向内转折的尖角。宽缘与内区之间,是一圈内环为由内向外倾斜式的圆形环带。镜缘,素平缘。

图1-1(a) 正面

图1-1(b) 背面

第二方(图1-2),四山字纹镜。三级,直径11.5厘米,厚0.47厘米,重165克。主纹饰四山字纹,地纹涡状羽纹。钮制弓形钮,钮顶三道凸弦,正方形底座。四山字底横与方形底座边横平行。有战国十二花瓣纹,也有学者称之为每组两瓣的连贯式花瓣纹,具体是在钮座的正方形四角或每边中点各伸出一片桃形叶片,叶尖略微往上翘起,并有狭带向上伸展,靠近边缘处再各连结一个相同的桃形叶片,相互垂直阻隔,将镜背面分割为四区,将四山字纹相隔,填以空隙处,四山字主纹对称分布,山字均向左旋,每一个山字中间一竖,顶住内区的外边,其余两竖之顶端,各有向内转折的尖角。镜缘,素平薄缘。

图1-2(a) 正面

图1-2(b) 背面

第三方(图1-3)，四山字纹镜。三级，发掘出土。直径13.8厘米，厚0.45厘米，重195克。主纹饰四山字纹。钮制为弓形钮，钮顶一道凸弦，正方形底座。由四组四瓣花排列成一个正方形，形成四个山字主题纹饰区域，底座方形的每一只角，与各伸出的一片桃形叶片相连，叶尖略微上翘起，并有狭带向上伸展，与十二花瓣纹组成辅助性纹饰，四个山字均向左旋，每一个山字中间一竖，斜顶内区外边，其余两竖之顶端，各有向内转折的尖角，四山字底横与方形底座横平行，地纹涡状羽纹镶嵌空隙处。镜背面破损三处，有粘合痕迹。镜缘，素平薄缘。

图1-3(a) 正面

图1-3(b)　背面

战国山字纹铜镜,是以镜背的主题纹饰呈现山字形装饰纹饰来称呼的,地纹窝状羽纹,是楚镜里的主要镜种之一。清代梁延枏的《藤花亭镜谱》与清末民国徐乃昌的《小檀栾室镜影》称之为山字镜。1936年梅原末治在《汉以前古镜的研究》里称为丁字镜,有些欧美研究学者称为T字镜,而我国研究学者一般称之为山字纹镜。

战国时期社会处在一个剧烈变革的时代,生产力得到解放,农商业发展迅猛,文化艺术空前繁荣。一是青铜冶炼技术快速发展,伴随铁工具在青铜铸造方面的使用,为青铜铸造的细密分工和技术创新提供了有利的条件;二是经过商周时期的发展,铸造青铜镜在合金比例、铸造技术上,日趋科学与成熟,推进了这一时期铜镜发展,尤其是在形制上走向成熟。两个重要的铜镜产地,河南、湖南。湖南处在楚国之地,做工精美、轻薄,图案大多作双层处理,在精细的底纹上再加各种主题浅浮雕图案。河南是韩、赵、魏等国属地,以铸造精美金银错纹镜著称。战国铜镜以规范的形制、精美的纹饰,标志着铜镜发展由早期的稚朴转向成熟。

春秋战国的铜镜,按主题纹饰图案划分为十三种类型:素镜类、纯地纹镜类、花叶镜类、山字纹镜类、菱纹镜类、禽兽纹镜类、蟠螭纹镜类、羽鳞纹镜类、连弧纹镜类、彩绘纹镜类、透雕镜类、金银错纹镜类、多钮镜类。时代分期,主要依据各地区考古发掘古墓年代的科学报告的结论,学界建立起来的分期序列:战国早期(公元前5世纪);战国中期(公元前4世纪);战国晚期(公元前3世纪)。

战国时期的铜镜,主题纹饰丰富多姿,多以几何图纹为主,兼有动物、植物的纹饰,其中的几何图纹有山字纹、菱形纹、云雷纹、弦纹、连弧纹等,在战国时期铜镜中以山字纹镜分布最广泛、数量最多。植物纹饰有花瓣、花朵、枝叶等,在战国早、中期流行的花叶镜中,四叶、花瓣、花朵都作为主题纹饰于镜背。四山字纹镜、菱纹镜等镜类,常在地纹上添加花叶纹等辅助性的纹饰来衬托主题纹饰。

战国铜镜的纹饰布局,颇具匠心,常见有对称式、双圈式、环绕式三种,其中:对称式以中轴线或中心点为中心,上下左右为大小相同、形式相同的纹饰;双圈式以镜背中部一圈素带,将纹饰分布在内外两带区间;环绕式则将主题纹饰环绕整个圆周,按顺时针或逆时针(左旋或右旋)同一个方向连续排列。钮制主要是弦纹钮,是战国铜镜鉴定的重要特征之一,形式为弓形背上凸起一至三道弦。钮座一般为圆形和方形。镜缘形式也有两种,一是平缘,其中又细分素平缘和内向连弧纹平缘;二是素卷缘,其中也细分底卷缘和高卷缘。

南方出土的铜镜,在数量、质量上都超过北方,并且花纹精美,主要流行素镜、弦纹镜、山字纹镜、羽状纹镜、兽纹镜、四叶纹镜、龙凤纹镜、菱形纹镜、连弧纹镜、狩猎纹镜等,北方出土铜镜质地略差,以素镜为主,还有弦纹镜、蟠螭纹镜、羽状纹镜、龙纹镜、兽纹镜、卷云纹彩绘镜、多钮镜等。

山字镜再根据山字的数目,进一步细分:三山镜、四山镜、五山镜、六山镜。山字镜是战国时期最流行的镜类,在湖南地区发掘的楚墓中四山镜最多,三山镜、六山镜为数极少,只见于著录和传世品。各种类型的山字镜主要流行于战国的早、中期,四山镜出现较早,尤其字体较粗短、花纹简单的,约在春秋晚期就出现了,字体细长、花纹繁缛的四山镜,基本上出现在战国早中期,带花瓣的纹饰,出现时代更晚些。五山镜出现时代较晚了,大约在战国的中期。六山镜出现在战国晚期。

有关铜镜"山"字纹饰的寓意,众说纷纭,莫衷一是。但是铜镜上书写的山字,与当时春秋战国时期书写的山字,区别很大,不足以说明当时山字纹的寓意,与山字本义相连有牵强附会之嫌。从构图上,应该与当时出土的商周青铜器中出现的勾连雷纹有关,或者说山字纹是由商周青铜器勾连雷纹演绎或者移植过来,这个观点,目前学术界和文博界广为接受。但此谜至今悬而未决,有待学者进一步研究探求。

别具匠心的战国花叶纹铜镜

安庆潜山市博物馆庋藏一面战国花叶纹铜镜。

该镜形制,正方形。边长10.5厘米,缘厚0.5厘米。钮制,三道凸弦,三弦钮。钮座,圆形,圆环内呈凹面。钮座外八连弧,且每隔90度弧上各置一片桃叶,其四片相隔对称分布,叶脉清晰可辨,叶内镂空处,可见似动物类雕刻造型。三横三纵的凹面格条如窗格,均匀分布整个方形镜面内区,八朵四叶花,均匀落在除钮座中心外的格子纵横交错的交点中间。地纹涡状羽纹,主纹由横竖排列整齐的格条、花、叶组成。镜缘,平缘,扁平而直,微凹,较薄。

图1-4(a) 战国花叶纹铜镜正面

图1-4(b) 战国花叶纹铜镜背面

该镜2005年潜山县文物局在梦圆开发小区工地清理M6墓葬时被发现,发掘出土还有剑、戈、矛等兵器,2007年4月移交潜山县博物馆。国家一级文物。原名为"格状花叶纹镜",按照博物馆行业文物藏品规范名称的年代、特征、器物通称的三要素要求,应名为"战国花叶纹铜镜"。

战国是中国铜镜发展史上第一个发展高峰。战国铜镜纹饰一般由地纹与主题纹饰构成,地纹映衬主题纹饰,形成了两层花纹风格,主纹突出,使得纹饰层次分明,同时又繁缛复杂,极具神秘感。形制上,唐代以前很少有方形铜镜,而且战国铜镜,大多数是以圆形为主,也极少会出现方形,发展至隋唐时期才广泛出现。隋唐是铜镜发展史上第三个也是最后一个高峰,自隋唐铜镜开始,在形制上出现重大突破与变化,有圆形、方形、葵花形、菱花形等,还有亚型、八角形等其他形制。

根据考古发掘的资料,就春秋战国铜镜的各种类型、特征、流行时间,大致分为三个时期。

1.春秋中晚期至战国早期。出现并流行素镜、纯地纹镜、花叶镜、四山镜、透雕镜、多钮镜等。

2.战国中期。镜的种类繁多,前期出现的镜类仍继续流行,在纹饰上有所演化,如花叶镜中的叶纹镜从简单的三叶、四叶增加至八叶,并出现了云雷纹地纹的花瓣镜、花叶镜,出现了五山镜、六山镜,新出现了菱纹镜、禽兽纹镜、蟠螭纹镜、羽鳞纹镜、连弧纹镜、金银错纹镜、彩绘镜。

3.战国晚期至秦末。发展至此时的纯地纹镜中的云雷纹镜、花叶镜、金银错纹镜、彩绘镜、羽鳞纹镜、多钮镜及禽兽纹镜中的饕餮纹镜、双圈兽纹镜等逐渐消失,但素镜、羽状地纹镜、透雕镜、菱纹镜、禽兽纹镜、山字镜、蟠螭纹镜、连弧纹镜仍然继续流行,新出现四叶蟠螭纹镜、蟠螭菱纹镜,连弧纹镜类出现了三层花纹的云雷纹地纹蟠螭连弧纹镜。

春秋战国时期的铜镜,根据主题纹图案来划分类型,一共分为:素镜类、纯地纹镜类、花叶镜类、山字纹镜类、菱纹镜类、禽兽纹镜类、蟠螭纹镜类、羽鳞纹镜类、连弧纹镜类、彩绘纹镜类、透雕镜类、金银错纹镜类、多钮镜类,十三个种类,其中的花叶纹镜类再细分为叶纹镜、花瓣镜、花叶镜三种。叶纹镜包括三叶镜、四叶镜、八叶镜。花瓣镜分为四花瓣镜、八花瓣镜、十二花瓣镜。花叶镜按主纹分为八花叶、十二花叶两种。

花叶纹铜镜,一般是一种纯地纹,后来发展为在地纹上添加主纹,成为地纹与主纹叠加多层花纹形式的铜镜。花叶纹镜类中的叶纹,与山字镜、菱纹镜中的叶纹不同,不是以辅助性纹饰样式出现,在花叶镜中为主纹,地纹有羽状纹或云雷纹两种,羽状地纹,有学者称之为一种演化的变形兽纹,而云雷纹,是涡纹与三角雷纹的复合。羽状纹在春秋晚期和战国早期的青铜器上曾风靡一时,这种纹饰作为地纹,其图案精细而且制作工艺复杂,能达到纤毫毕现的程度,可见当时战国铸镜技术的先进、精湛。

  在铜镜鉴赏研究史上,因河南洛阳古铜镜和出土地点传为安徽寿县古铜镜的发现,引起学界一次很大的震动,也吸引了中外藏家和研究学者的关注,为此产生了"淮式镜""秦式镜""先汉式镜""战国式镜""楚式镜"等镜类分类与命名。瑞典学者高本汉将"淮式镜"的上限推断至公元前650年。最为可贵的是,1934年12月河南安阳侯家庄西北冈1005号殷商墓出土1件圆板带钮器物,当时梁思永先生称之为重要发现,虽然殷商墓发现铜镜,遗憾的是只是一个孤例,受尽质疑,一直到1976年安阳小屯妇好墓出土四面铜镜,使殷商出现铜镜成为定论。20世纪20年代,最早由日本学者梅原末治在《汉以前古镜研究》一书中提出"秦式镜"一说,由于以安徽寿县为中心的淮河流域出土的铜器流落到海外,1926年瑞典人喀尔白克在《中国古铜镜杂记》中将淮河流域出土的铜镜称为楚国铜镜,1933年瑞典举办第十三次艺术史国际大会,当时斯德哥尔摩远东古物馆把在中国搜罗的铜镜,在说明中将秦式改为淮式,"淮式镜"流行起来。

  该镜的镜背有井字界格,为九宫格状,纹饰风格接近"秦式镜",没有严格按照传统的格式,但是纹饰、装饰是一个有机的整体,与学界研究的"淮式镜""楚式镜"纹饰还是存在很大差别,"楚式镜"观念取自"圆以生方,政事之常",在造型上取向浑圆,装饰纹样上也多取自天地之象,写实或寓意,且多数具有旋转形特征,构图、风格中主导出一种神秘、庄严、旋转不息的气势,这些都是楚人宇宙观念的直观反映。

  战国铜镜在纹饰上也内容丰富,有纯地纹、花叶纹、蟠螭纹、禽兽纹、连弧文、山字纹等。其中山字纹是楚地铜镜的常见纹饰,有三山、四山、五山、六山等不同样式,以四山纹最为常见,三山纹、六山纹极为稀有。从钮座上看,春秋晚期至战国早期,有小圆钮座、凹面形圆形或方形钮座、双重凹面形圆形或方形钮座,到了战国晚期,新出现了数重单线圈钮座、透雕圆钮座,后面接着出现八连弧钮座,至西汉时期流行。

  这面战国花叶纹铜镜,铸制精湛,构思精巧,花纹图案立意新颖,布局规整,素雅美观,浅浮雕立体感强,实属难得一见的出土珍品,在国内考古发掘报道中也极罕见,其构图布局与纹饰的独特性,为研究战国时期的铜镜制作工艺、图案等,提供了十分难得的实物资料,同时对后代学者研究战国铜镜的纹饰、风格、演变,极具参考价值。战国铜镜以规范的形制、精美的装饰纹饰著称,标志着中国铜镜从早期的稚朴走向成熟,该镜也正反映出此特征。

旷世珍宝越王丌北古剑

安庆博物馆镇馆之宝之一,战国越王丌北古剑。

图1-5 丌北古剑展示图

1987年4月4日,安庆市在迎江寺东侧王家山的在建第二水厂施工工地发现一战国墓,并进行抢救性发掘,现场清理发掘出土一把战国越王丌北古剑。通长64厘米,茎长9.6厘米,剑首3.8厘米,剑格宽5.2厘米。剑身中断,且缺一小截,后经修复。随后还发掘出一把战国狭宽从薄格喇叭茎青铜剑、一件战国覆盖立耳三足鼎、一件战国凹口细骹狭叶刃青铜矛、一件战国青铜铎,共出土12件,青铜器6件,陶器残件6件。陶器破损严重,仅有少量残件,大部分无法修复。很多资料将此次发掘时间误写成6月,安庆市博物馆文献中有确切记载:"4月4日,市第二自来水厂基建工地发现战国墓一座,出土了越王丌北青铜古剑、陶器等文物。""6月4日,修复越王丌北古剑及一批青铜器。"

该剑形状,近锋处收狭,前锋尖锐,中起脊线。倒凹字形格,圆茎,内实,有两道箍棱,棱上饰有凸出清晰的云雷纹饰,剑首面圆盘状。

图1-6

剑格、剑首均铸、错有金鸟篆铭文字,清晰显示为越王丌北古剑。铸制精良,剑体无锈蚀,剑刃锋利。剑各部位通常名称为:剑锋、剑刃、剑脊、剑从、剑身、剑格、剑茎、剑箍、剑首、剑柄。

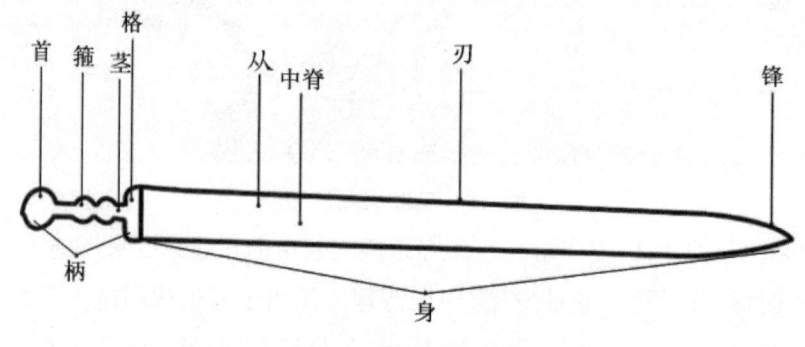

图1-7 剑身部位名称

剑格两面各铸铭文10字,剑首铸铭文12字,共32字。其中有16字错金,与未错金铭文相间排列。剑格正面铭文为"古北丌王戉(越);戉(越)王丌北古",背面铭文为"自金(剑)用乍(作)自;自乍(作)用金(剑)自"。剑首铭文为"隹(唯)戉(越)王丌北自乍(作)□之用之金(剑)"。铭文明确标注,此剑为越王丌北古自用剑。

对鸟虫篆铭文的辨识,剑格正面,排列次序为从中间往两边,依次为"戉(越)王丌北古"。剑格背面铭文,也是排列次序为从中间往两边,依次为"自乍(作)用金(剑)自"。剑首铭文,应从正面顶第一个字开始,顺时针方向,依次为"隹(唯)戉(越)王丌北自乍(作)□之用之金(剑)"。共12字,其中第八字"□",至今尚未能辨识出。

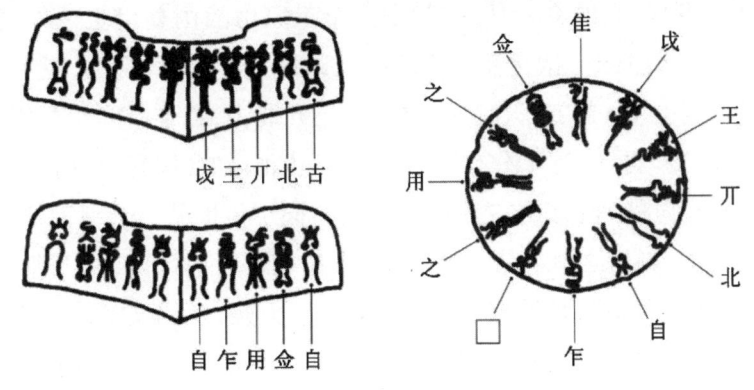

图1-8 剑格、剑首铭文示意图

越王勾践三年(前494年),吴王夫差击败勾践于夫椒,并把他围困在会稽山上,勾践向吴国求和,派遣文种贿赂吴国太宰伯嚭。越王被吴王赦免回国后,任用文种和范蠡富国强兵。越王勾践二十四年(前473年),越王勾践通过卧薪尝胆与"十年生聚,十年教训",最终灭了吴国,使其成为春秋时期的最后一位霸主,勾践去世后,子鹿郢即位。鹿郢逝世,子不寿即位。不寿逝世,子翁即位。翁逝世,子翳即位。翳逝世,子之侯即位,之侯逝世,子无疆即位。勾践其子孙继续其霸业,越国强盛一时。

国内以越王丌北命名的古剑现存三把。

第一把珍藏在以收藏青铜器著称于世的上海博物馆;第二把珍藏在安庆博物馆,于1987年4月在迎江寺东边的王家山发掘出土;第三把珍藏于海南博物馆,是2008年在海外购买的。

历史上丌北古是谁?国内也存在争议。有两种说法:

一是马承源先生于1962年在《文物》第12期发表文章《越王剑、永康元年群神禽兽镜》中,这样论述:"越王丌北古就是越王盲姑,盲姑即不寿,他是勾践的孙子,鼫舆或舆夷的儿子。按丌、北同属之声韵,韵尾相同,速读时易于省去一个音,即只剩北字音,文献及金文中这种省称的例子是很多的,如近日出土之王子于戈,其中的"王子于"就是吴王子州于。越音传到中原,更加容易起变化,北盲旁纽双声字,借盲声为北声,乃是声转的关系,古、姑是双声叠韵字,所以,越王丌北古为越王盲姑。"因此,丌北古就是勾践的孙子越王盲姑(不寿)。

二是浙江省文物考古研究所曹锦炎先生认为丌北古应是越王无疆。相关论文《新见越王兵器及其相关问题》发表在《文物》2000年第1期。说:"丌北古剑近年又有发现：1987年6月，安徽安庆市王家山战国墓出土一件越王丌北古铜剑，通长64厘米。铭文在剑格两面及圆形剑首上，鸟虫书，隔字错金，共32字。"为"[剑格]戉（越）王丌北古，戉（越）王丌北古，自乍（作）用佥（剑）自，自乍（作）用佥（剑）自。[剑首]隹（唯）戉（越）王丌北自乍（作）□之用之佥（剑）。"剑格铭文作竖向横列。其铭文及排列方式均同于传世品。个别字可纠正上博藏剑铭之误，如剑格之"剑"字，上博藏剑误作"旨"。应该讲，从声训的角度上说"丌北古"即"盲姑"，是没有多大的问题的。但是，从铭文字体风格来看，越王丌北古剑非常接近越王不光剑，而且圆形剑首上铸有铭文也始于不光剑。因此，要将丌北古剑提早到州句剑之前是有困难的。然而丌北古剑作厚格式，与不光剑作薄格式又有矛盾。1994年于香港新出现的越王者医剑，剑格亦为厚格式，说明不光时仍有厚格式剑的孑遗。那么，丌北古剑作厚格式就没有什么问题了。之前已经指出，越王不光即越王翳，其为州勾之子，见于史籍。所以，在州勾与不光之间不可能再插入一位越王，丌北古只能是越王翳（不光）之后的某一位越王。

越王丌北古之名，剑首作"丌北"，颇疑越王丌北古即越王亡彊。"丌"即"其"。"北"，败也。《荀子·议兵》："遇敌处战必北。"杨注："北者，乖背之名，故以败走为北也。"《左传》桓公九年"以战而北"。今人仍称不敌败走为"败北"。"彊"，即古"强"字，刚强之义。"亡彊"即"不强"，战而不强其必败，与"丌北"之义似可相合。"丌北"与"亡彊"乃一名一字。古人取名字时不一定用吉语。提出这种设想供各位参考。

虽然马承源、曹锦炎的文章都发表在顶级核刊《文物》上，在两种说法上，马承源是原上海博物馆馆长，长期从事青铜器、简牍研究和鉴定，在国内青铜器与古文字研究方面是权威专家，具有较高的学术造诣，目前各家博物馆大多数仍持马承源的丌北古就是勾践的孙子越王盲姑（不寿）这一说法。

这把越王丌北古剑，最吸引人之处在于错金鸟虫篆体铭文。该书体属于金文里的一种特殊字体，形式优美，变化多端，是先秦时期篆书的变体，亦称鸟虫书、鸟虫篆。在春秋中后期至战国时期盛行，主要流行于长江中下游地区，其中包含皖江流域，为当时吴、越、楚、蔡、徐、宋等南方诸侯国的特殊文字书体，尤其是在青铜器上以错金形式出现，华贵而富丽，变化莫测，难以辨识。称鸟篆，主要是笔画作鸟形，千姿百态，文字结构与鸟形融合一体，在字旁、字尾，或字的上下端附加鸟形装饰,形象各异,生动有趣,有名的越王勾践剑铭、越王州勾剑铭等,以错金方式多出现在兵器上,也有少数出现在礼器、容器、玺印上面,后来发展至汉代又出现在礼器、汉印上,到唐代后碑刻上仍见其书体。许慎《〈说文解字〉序》:"自尔秦书有八体:一曰大篆;二曰小篆;三曰刻符;四曰虫书;五曰摹印;六曰署书;七曰殳书;八曰隶书。"虫书为秦代流行的"秦书八体"之一。

在文献学里的传世文献与出土文献两类中,就青铜剑上镌刻鸟虫体铭文记载内容而言,属于出土文献范畴,出土文献按照质地又分为土陶文献、甲骨文献、金器文献、简帛文献、皮质文献、纸质文献、碑刻文献七种,兀北古剑铭文应该属于出土文献类的金器文献,金器文献就是以金、银、铜、铁、铅、锡等金属制作的器物作为文字载体形式的文献,目前最早的金器铭文是商代的实物,镌刻在钟鼎彝器上。

青铜器时代,青铜器物上的铭文,都记载重要的历史事件,内容包括祭祀、登基、庆典、赏赐、战役、契约等,具有重要的文献价值与考古、史料价值。为让内容永久保存,铭文多用金文,但越王剑上的铭文也与众不同,它采用较少见的金文中的鸟篆体,或许与当时使用习惯与文字演变有关。

远古时代的兵器,是从生产工具分化、发明开始的,到火药发明并广泛使用于战争的这段时期,为冷兵器时代。中国古代有"十八般武艺"之说,一般是指弓、弩、枪、棍、刀、剑、矛、盾、斧、钺、戟、殳、鞭、锏、锤、叉、钯、戈十八种兵器,剑属于冷兵器里常见的古代兵器,为近战格斗的一种常规武器,使用灵活方便,两面都有利刃,剑端有锋,既可横斩,又能直刺。冷兵器出现在人类社会发展的早期,由耕作、狩猎等劳动工具演变而成,随着战争及生产水平的发展,经历了由低级到高级,由单一到多样,由庞杂到统一的发展过程。

1956年在陕西长安张家坡第206号西周墓中,出土了一把很短的青铜剑,是国内最早发现的一把剑。剑长27厘米,不到一尺长,形状很像一条细长的柳叶,两刃上端平直,下端稍宽,并呈外凸的弧线。早期的剑都很短小,主要用来防身卫体。从西周至春秋,铸造剑受到重视,青铜剑的形制也有改进。早期的青铜剑,都是柱脊剑。所谓柱脊剑,就是指圆柱形的剑茎,一直向前延伸,到剑身部分形成凸起的剑脊,茎和脊两者之间,没有明显的分界线,浑然一体。剑的长度一般在40厘米以下。有的剑在剑茎上装有剑首,有的剑没有剑首。

至战国时期,剑从防身自卫武器,逐渐演变成步兵近战格斗兵器,剑身随实战需求而越来越长。春秋后期,吴国和越国相继崛起,争霸不断,楚国也出兵中原与列强角逐。由于江南处于水网纵横、林莽丛生的水乡地区,不便于车战,步兵和水军就成为作战军队中的主要兵种。短兵器逐渐代替长柄兵器,装备于军队之中。

安庆博物馆这件旷世珍宝,并非是一件孤品,随着现代科学技术日新月异发展,"丌北古"这个谜团终将被揭开。

从汉七乳神兽镜看汉代镜发展演变及特征

安庆市博物馆藏有一方汉代七乳神兽镜。1982年10月征集。径14.3厘米、缘厚0.4厘米。镜体较完整,主题图案清晰,纹饰精美。

图1-9(a)　汉七乳神兽镜正面　　　　图1-9(b)　汉七乳神兽镜背面

圆钮底座,内区纹饰为九个乳钉纹,以符号均匀相称相隔。内区与中区相连区域为星月纹饰。中区主题纹饰,有七种动物图案,以连弧纹与底座图案相隔。七种动物为羊、鹿、青龙、飞鼠、雉、凤、虎。外区以流云纹、锯齿纹装饰。

铜镜在汉代发展历程中,是一个兴盛发达的重要繁荣时期。由于使用普及率高,做工精致,纹饰精美,出土众多,具有高的艺术与欣赏价值,与战国时期的铜镜不同,在制作形式和艺术表现手法上,有了很大发展。

汉镜在发展演变上,分早期、中期、晚期三个阶段。

一、早期，指西汉初期至中期、末期

早期铸造工艺使用平雕手法，镜面较平，花纹平整，镜边简略，装饰性强。纹饰上汉初沿袭战国铜镜的装饰风格，多采用底纹与主纹相结合的重叠式手法，战国盛行的云雷纹地的蟠螭纹镜继续流行，有的加铸铭文，通常为"长相思""毋相忘""常富贵""乐未央"等吉祥文字。至西汉中期武帝前后，铜镜形制及花纹发生显著变化，地纹逐渐消失，三弦纹桥形纽经过伏兽纽、蛙纽及连峰状纽后，普遍变成半球状圆纽，花纹严格对称于镜的圆面中心，或匀称地分为四区。当时除流行简化蟠螭纹镜外，还流行星云纹镜和草叶镜。星云纹实际上是由蟠螭纹演变而来，因乳钉甚多，星云纹镜又称百乳镜。草叶镜的纽座为方形，四周饰以对称的草叶，有的像花瓣，有的像叶片，外缘用十六个内向连弧纹作装饰。这类铜镜因流行时间长，在汉镜中占有重要的地位。自宣帝始，又出现了有"见日之光，天下大明"一圈铭文的日光镜和有"内清质以昭明，光辉象乎日月"铭文的昭明镜，间以绳纹、连弧纹作同心的重圈纹饰。

二、中期，指西汉末期至东汉初期

中期主要流行规矩镜。王莽铸镜为炫耀其政绩，曾制作了一批华美而精巧的作品，汉镜以王莽时期最为精美。

规矩镜铸造、雕镂都非常精细规矩，镜纹为规则的TLV形装饰格式，外国学者也称之为TLV镜。其程式相当标准，一般均划分镜背而为若干装饰区，从纽座起，以圆纽为中心作为一个单独装饰单位，纽座的外形有圆形、方形、覆斗形几种。紧接着纽座的幅面为内区，是主要花纹的部位。花纹中的TL形，常常是在铜镜内区的四面，对称地排列于主花中，起着穿插作用。再往外为外区，多装饰由卷草纹或鸟兽纹以及几何纹组成的带状图案。最后的外缘区，有全素的，有作简单连弧纹的，也有加饰绳纹、锯齿纹花边的。内外区之间多加饰铭文带。其分成五个区域，布局严谨端正，但机械呆板少变化，给人以千篇一律的感觉。规矩镜在东汉前期还在流行，但发生了一定变化。这时期的铜镜多在内区主花纹位置铸造青龙、白虎、朱雀、玄武所谓"四神"，有的还在纽座边加上十二生肖铭文，或"左龙右虎掌四方，朱雀玄武顺阴阳"的字句，所以也称规矩四神镜。TLV实系古代六博的棋局，山东费县曾出土石质六博盘，长沙马王堆三号墓曾出土全套博具，其棋局上均有TLV纹。规矩镜在汉镜的发展中，是流行时间最长的一种，也是汉镜中最为优秀的一种。

三、晚期，指东汉中期至末期

晚期镜面微凸，便于照出面部的全形，符合科学原理。镜钮变得更厚大结实，利于实用系扣。与早期相反，连弧纹多在内区。铜镜布局也更为活泼，区域划分简单，通常带有吉祥语作为铭文，如"长宜高官"或"长宜子孙""位至三公"等。还创造了浮雕式作法，纹饰档次较高，主要的有双夔纹镜、蝙蝠纹镜、画像镜、方铭镜（神兽镜）等。制式上，双夔纹镜打破了当时流行的以钮座为中心的内向或外向的放射式手法，而运用了对称的格式，取得了别开生面的效果。蝙蝠纹镜实际上是柿蒂纹的变形和扩张，纹样更抽象，形式美观。画像镜则以浅浮雕形式表现人物、鸟兽、花草，和当时画像石、画像砖的风格趋于一致，此类镜大多出土于浙江绍兴，几乎占九成。方铭镜也称神兽镜，指在铜镜的四周有一圈突起的半圆和方块，多表现神仙禽兽的题材。浙江绍兴是东汉后期最重要的铜镜制造中心，该地铸造的重列神兽镜和画像镜标志着铜镜纹饰的新发展。后者与前者的不同之处除神兽形象外，还有歌舞、车马、历史人物及传说故事等浮雕图像。汉代后期的神兽镜还出现一种新的图案排列形式，即作一方向的阶梯形排列，类似木雕的散点透视，称为阶段式镜，流行于建安时期，又称"建安式"。

综上所述，汉代铜镜有如下几个特点。

1. 镜缘部位的外区，有锯齿纹、流云纹、辐射线、连弧纹。这是汉镜一大特点，是区别战国镜、唐宋镜的特征之一。

2. 乳钉纹饰，是区别汉镜的主要特征。乳钉越少，年代越早，乳钉越多，年代越晚。东汉时期画像镜、神兽镜等虽然也有乳钉不多的（四乳、六乳、七乳），但基本都是乳钉带座，含有柿蒂纹饰等。

3. 铜镜中表现人物、鸟兽、花草的画像纹饰、神兽纹饰、规矩纹饰等，都是汉镜典型纹饰。

4. 铭文字数早期少，后期逐渐增多，早期字体较宽大，后期字体窄细。日光镜每字之间多用"e""◇"等符号相间隔，昭明镜则常见用"而"字间隔，错别字、通假字现象常见。如"长药（乐）未央，吏任仕患（宦）"。

5. 规矩纹镜（四神规矩、鸟兽规矩、几何纹规矩、简化规矩）、连弧纹镜是汉代最为流行的两种镜类，出土数量多，出土地点也非常广泛，这两种镜主要流行于西汉武帝至王莽时期。

6. 汉镜钮座特征变化，年代越早，钮越细小，至汉武帝前后为半圆形钮，钮越高越大，年代相对就越晚。

汉镜形制上特点是圆形、薄体、平边、圆钮，装饰程式化。镜缘由平素向缘饰、宏厚内斜变化。镜钮由初始的瘦小向半球形钮演变。纹饰风格也很多变，有四乳、分区、环绕、重列、循环等布局，这一时期出现的连弧纹、神兽纹、仙人画像、规矩纹、铭文等，这些纹饰都是汉镜的典型纹饰，带有汉代文化特征。

依据汉镜这些典型特征，此件馆藏"汉七乳神兽镜"，应该完成于东汉中期这个时间段。因王莽新政时期，受道教崇神升仙思想的影响，这一时期，神兽成为铜镜纹饰的主流，一般以朱雀、玄武、青龙、白虎象征"四神"，分别代表掌管东、西、南、北四方的神。神兽纹饰的出现，是这一时期的一个典型特征。神兽铜镜主要流行于长江以南地区，在东汉中期出现，东汉晚期开始流行，一直使用到南朝时期。

汉代尚佳、尚方铭博局纹镜

安庆博物馆收藏两方汉代尚佳、尚方铭博局纹镜。

镜带铭文"尚佳作镜真大好，上有仙人不知老，渴饮玉泉饥食枣，浮游天下兮"。是道家觅仙内容铭文。外环为栉纹，直径11厘米，圆钮，柿蒂纹座，博局纹和8只乳钉将主纹区域划分为四方八区，分别配置八兽，为玄武、鹿、凤、朱雀、白虎、青龙、蟾蜍、鼠。缘饰两周三角锯齿纹，中间双线波折纹。

图1-10(a)　尚佳铭四神博局纹镜正面　　图1-10(b)　尚佳铭四神博局纹镜背面

另镜带铭文"尚方作镜真大好，上有仙人不知老，渴饮玉泉饥"。外环为栉纹。在汉镜铭文缺笔、减笔、减字、减句、简省现象非常普遍，镜带铭文发展到唐以后,铭文这种缺损现象很少见了。缘饰两周三角锯齿纹,中间无饰纹,图1-11为尚方铭博局鸟纹镜。

图1-11(a) 尚方铭博局鸟纹镜正面图　　1-11(b) 尚方铭博局鸟纹镜背面

　　两汉是中华民族统一的强盛时期,包括西汉、新莽、东汉。铜镜发展到西汉,尤其是王莽新政时期,铭文种类繁多,表现内容丰富,排列灵活工整,做工精细。王莽时期,铸造铜镜铭文以"尚方"居多,以讲究铜镜质地、做工考究的"尚铜""佳镜"铭文出现,还有纪氏铭出现,如:"朱氏明镜快人意""王氏作镜真大好""田氏作镜四夷服"等,"朱氏"铭、"王氏"铭、"田氏"铭等铭文出现,都反映出王莽时期铸镜铭文的显著特征。铭文内容上,有企盼加官晋爵、子孙繁昌、长生不老的铭辞吉语,还有深受道家思想影响,返璞自然,体现出觅仙求长生不老的观念,反映出汉代人有羽化登仙、修道成仙、长生不老的精神追求,这些都和西汉末年王莽时期谶纬学说、神仙思想、阴阳五行说的盛行有关。"尚方""尚铜""纪氏"铭文铜镜的出现,标志当时铸镜业繁荣,使用广泛。

　　有学者认为,"尚方"为汉代皇室制作御用物品的官署,归属少府。《后汉书·百官志》:"尚方令一人,六百石。本注:'掌上手工作御刀剑诸好器物,丞一人。'"说明当时铸镜已经有了官府监铸和民间铸造,尚方为官府机构,制作铜镜也是职责之一,许多精美铜镜出于尚方制造,而纪氏铭则表明汉代民间铸镜行业的发达与繁荣。

　　铭文"新有善铜出丹阳,和以银锡清且明,左龙右虎主四彭,朱爵玄武顺阴阳。"其中"新有善铜出丹阳"的"丹阳",说明铸镜的原料产地,指汉代的丹阳郡,在今天的安徽当涂,是汉代最有名的铜矿产地,西汉时期曾在当涂郡设有铜官。《食货志》载:"金有三等,黄金为上,白金为中,赤金为下。"孟康注:"白金,银也。赤金,当涂铜也。"

博局纹,是汉代铜镜上较多出现的一种纹饰,一般学者称为规矩镜,又称TLV纹。规矩之名起源甚早,与我国神话传说中的伏羲、女娲形象中用于规天矩地的工具规矩形似,以器具名命名,符合传统文化心理,易于接受而遵从,并延续下来。《史记·龟策列传》有:"规矩为辅,副以权衡"。《淮南子》:"东方,木也,其帝太皞,其佐句芒,执规而治春,……西方,金也,其帝少昊,其佐蓐收,执矩而治秋。"句芒是古代神话中掌管人间寿命和祸福的东方之神,人首鸟身。少昊之子,是蓐收,也是人首兽身。蟾蜍相传是姮娥的化身。

近些年,一些专家学者深入研究,考证此纹来源于我国传统的六博棋上的纹饰。六博棋,也称博戏或陆博。出现在春秋战国以前,《楚辞·招魂》中记载了六博棋的形制和比赛方法:"菎蔽象棋,有六簙些;分曹并进,遒相迫些;成枭而牟,呼五白些。"其中的"六簙"便是六博棋。六博棋由棋子、博箸、博局(棋盘)三种器具组成。两方行棋,每方六子,分别为:枭、散(五枚)。因为春秋战国时的兵制,以五人为伍,设伍长一人,共六人,当时作为军事训练,两队人马竞赛,也是每方六人。由此可见,六博棋是象征当时战斗的一种游戏。比赛时"投六箸行六棋",斗巧斗智,相互进攻逼迫,而置对方于死地。

从博局纹铜镜的产生、发展、演变过程来看,与六博棋确实有紧密联系。博局纹产生于秦汉时期,在西汉中期开始慢慢增多,于西汉晚期至王莽新政时期最为盛行,东汉前期至中期,开始衰退,两晋至南北朝时期衰落消失,而博戏诞生、盛行、衰落,亦相同时期。博局纹按照其纹饰内容,也分为:博局狩猎纹、博局四兽纹、博局鸟兽纹、博局几何纹、简化博局纹。

王莽新政时期,铜镜铸造与西汉风貌一脉相承,也有所发展,纹饰内容日趋丰富,工艺更加细腻工整,铸造考究,格局构图采用乳钉间隔按比例等分,以钮座为圆心环绕多层次多重铭带、纹带,富有立体层次感,表现出优美的构图结构。规矩镜是汉代最流行的镜类,尤其是镜背上博局纹饰,最引人入胜,有别于其他朝代的纹饰。汉代铜镜铭文成为装饰主题纹饰或重要的构图成分,开创了在小小铜镜上铸制铭文的先河,尤其内区博局纹、四神纹饰,外区铭带的布局构图方式,在东汉以后,很长一段历史时期,成为普遍采用的一种制镜模式。

第二篇 唐宋、元明——安庆府篇

由双鸾衔绶镜窥唐镜风骨一斑

1992年2月,安庆市博物馆征集到一方唐代双鸾衔绶铜镜。原镜面破碎成5块,后经修复。径33.5厘米,镜缘0.8厘米。镜体外观厚实,表面呈黑褐色(俗称黑漆古),八瓣花钮座,分区与传统铜镜不同,内区外区无明显划分痕迹,素缘。双鸾(实为凤)左右相对衔枝,对称布局,同向飞翔,羽翼丰满,舒展飘忽,衔缠枝、勾连、蟠绕,叶瓣、卷草、菱花、葡萄状蔓枝,双鸾展翅,比翼高飞,清新隽雅,活脱灵秀。鸾翅的羽毛细腻,浮雕线条流畅,翅下佩流苏状绳结玉珠吊坠清晰可辨。图案以钮座为中心,主题纹饰隆起突出,高低起伏,栩栩如生,双鸾活泼自然。采用高浮雕式技法,使纹饰的视觉效果,由线条平面式变化为半立体状。层次清晰,排列有序,构图稳重,形象俊美,婀娜多姿。为一级珍贵文物。

图2-1(a) 唐双鸾衔绶镜正面　　图2-1(b) 唐双鸾衔绶镜背面

从实物入手,此镜令人惊叹之处,在于布局完美,构图完整而细腻,且用高

浮雕工艺等,为典型唐镜风格特征,较突出的是图案精美、双鸾布局构图较大,实属罕见,定为一级文物,也是顺理成章之中。

从双鸾图案辨析,此镜又称为对鸟镜,《博古图录》称为莲凤镜,《西清古鉴》称为双鸾镜。构图与主题纹饰精巧,两禽鸟左右相对,随钮座而分,均匀对称,上下随主图配各种辅助纹饰,图案组织变化丰富。禽鸟形态为鸾鸟展翅翘尾状,口衔长绶,也有其他铜镜为共衔绶带或花枝瑞草图案,踏花枝或祥云,花卉争妍斗艳,妩媚自然,为唐镜中最为绚丽多彩的镜型之一。

隋唐时期,是铜镜发展的鼎盛时期。镜类众多,纹饰繁杂,形制多样,体现出唐盛世特征,归纳主要流行的镜类有:①四神十二生肖镜类。四神镜、十二生肖镜、四神十二生肖镜;②瑞兽镜类。瑞兽铭带镜、瑞兽花草纹镜;③瑞兽葡萄镜类。葡萄蔓枝镜、瑞兽葡萄镜、瑞兽鸾凤葡萄镜;④瑞兽鸾鸟镜;⑤花鸟镜类。雀绕花枝镜、对鸟镜;⑥瑞花镜类。宝相花镜、花枝镜、亚字形花叶纹镜;⑦神仙人物故事镜类。飞仙镜、月宫镜、真子飞霜镜、三乐镜、打马球镜、狩猎镜等;⑧传统纹饰与宗教题材镜类。盘龙镜、八卦镜、万字镜等;⑨特种工艺镜。金银平脱镜、螺钿镜、贴金贴银镜。

隋唐各类流行镜的大致情况:四神十二生肖镜、瑞花镜类的团花镜、瑞兽镜类在隋至唐初流行;瑞兽葡萄镜、瑞兽鸾鸟镜、雀绕花枝镜在唐高宗、武则天及唐玄宗开元时期流行;对鸟镜类、瑞花镜类、人物镜类、特种工艺镜类流行于唐玄宗开元天宝至唐德宗时期,其中以唐玄宗开元天宝年间流行的镜类品种最丰富;八卦镜、万字镜以及瑞花镜类、亚字形花叶纹镜等,流行于唐德宗至晚唐时期,往下再延伸至五代。

瑞兽镜是隋唐时期的重要镜类,在隋代和初唐年间盛行,器型延伸后发展出来瑞兽葡萄镜和瑞兽鸾鸟镜。唐高宗至唐德宗时期,是唐代铜镜发展新形制、新题材、新风格由确定走向成熟时期,这一阶段分两个时期。

1.唐高宗、武则天时期。流行以瑞兽为主的瑞兽葡萄镜、瑞兽鸾鸟镜,飞禽花枝为主的雀绕花枝镜。之后瑞兽题材的图案逐渐退居次要位置,飞禽花枝逐渐上升为主要位置。铭文、圈带铭文消失,镜背主题纹饰不再受传统铜镜内外分区的约束,讲究整体图案布局,追求和谐韵美,是盛唐铜镜特征之一,呈现"盛唐气象"。

2.唐玄宗至唐德宗时期。主要流行对鸟镜、人物故事镜、瑞花镜、盘龙镜、特种工艺镜等,延续上个阶段发展趋势,题材更加广泛,风格迥异,构图精细,布局完美,色调鲜明。这一时期禽鸟纹饰占据主要地位,虽然还能见到四神十二生肖题材,但镜面形式和构图已发生变化,花草植物纹饰由原来的从属点缀的地位,迅速上升为主要纹饰题材。同时人物故事题材的涌现,是这一时期重要特色。

唐代铜镜的主题纹饰由瑞兽到禽鸟、再转到以瑞花、植物纹饰为主的演变过程,其实与整个唐代丝绸织物、绘画、生活器物附着图等图案演变趋势是一致的。扬州也是唐代铸镜中心,主要流行于开元、天宝及稍后一段时间,扬州铸镜在唐镜中占有十分重要的地位,与并州(山西太原)为当时最大的两个贡镜产地。扬州出土铜镜中,花鸟主题纹饰如双鸾衔绶带镜、双凤镜、雀绕花枝镜,占有十分突出的地位。

双鸾衔绶是中国古代吉祥图案,为唐代一种典型流行的纹饰。常见双鸾相对飞翔,口衔挽结长绶,配以鲜花祥云。鸾是古代神话传说中凤凰一类的鸟,凤也是传说中的神瑞之鸟,雄的叫凤,雌的叫凰。鸾凤是中国传统文化中象征吉祥的飞鸟,"长绶"象征"长寿"(谐音),绶带挽结,表示永结同心。

唐诗中流传下来很多描述铜镜的诗句,如李贺《美人梳头歌》:"双鸾开镜秋水光,解鬟临镜立象床。"戴叔伦《宫词》:"春风鸾镜愁中影,明月羊车梦里声。"李群玉《伤柘枝妓》:"曾见双鸾舞镜中,联飞接影对春风。"李远《剪彩》:"双双衔绶鸟,两两度桥人。"李商隐《饮席代官妓赠两从事》:"愿得化为红绶带,许教双凤一时衔。"

"鸟随鸾凤飞腾远,人伴贤良品质高",唐代铜镜有古人美好的理想追求的寓意。以镜为信物,便有"破镜重圆"的故事,出自唐朝孟棨所著《本事诗》笔记小说。

唐宝相花铭带铜镜及宝相花纹饰的演变

安庆市宿松县博物馆藏有一方唐代宝相花铭带铜镜,铸制精细,图案构图布局巧妙,技艺精湛。直径16.5厘米、缘厚0.6厘米。为一级文物。1982年宿松县征集。

铜镜带铭：如珠出匣，似月停空；当眉写翠，对脸傅红；绮窗绣幌，俱含影中；练形神冶，莹质良工。诗文为典型的唐镜铭文。

该镜特征，圆钮，底座花瓣圆圈边饰，内区6块法轮均匀对称，6个荷花在法轮内相隔，以钮座为中心，团花布局。外区铭带较宽，铭文楷体，字体较大，边缘两重齿纹。主纹宝相花为荷花，以含苞待放的荷花花苞为主题构图，伸展出的花蕊为荷花的雄蕊，而雌蕊在莲蓬的顶上。

图2-2　唐代宝相花铭带铜镜

宝相花纹镜按照铜镜分类，应该和花枝镜、亚字形花叶纹镜，归类在瑞花镜内，就形制上划分，分为圆形宝相花镜、菱形宝相花镜、葵形宝相花镜。宝相花纹镜又细分为宝相花镜、宝相花铭带镜。

图2-3　宝相花纹局部

宝相花纹饰与佛教有关，佛教是世界三大宗教之一，产生于印度，西汉末年传入我国，从传入我国之始，就不断与中国文化融合，对我国民风和思想都有很大的影响。佛教在中国的发展历史,大致经历了汉魏晋南北朝的发展期、隋唐的兴盛期和宋以后衰落期。

中国佛教经历了南北朝的发展,到了隋唐已经兴旺发达起来,兴盛主要在三个方面:一是寺院林立;二是僧尼众多;三是宗派形成。唐朝统治者竭力扶持佛教,唐太宗曾自称"皇帝菩萨戒弟子",两次下诏普度僧尼。武则天在争夺帝位的时候,曾利用佛教的《华严经》,预言自己是一个应该做皇帝的女菩萨。由于佛教势力迅速扩张,居然达到"十分天下之财,而佛教有七八"的程度,僧尼凭借政治势力巧取豪夺,其经济势力越来越大,导致唐武宗不得不采取灭佛行动。宗派的形成,是佛教兴盛发达的一个重要标志。唐代佛教主要有天台宗、三论宗、法相宗、华严宗、净土宗、禅宗、律宗、密宗等,其中天台宗、华严宗、净土宗、禅宗,在历史上影响最大。佛教的基本教义主要有"四谛""十二因缘""三法印"等,基本精神就是空、苦两论,即世界一切皆空,人生苦海无边。由于佛经中的动人故事、阐释悟道,常常成为画家的绘画题材,在中国绘画史上曹不兴、顾恺之、张僧繇、展子虔、阎立本、吴道子等绘画大师,都以擅长佛画而著名,其中中国画由唐王维一派的文人画而发展到宋元以后成为盛行的写意画,都与禅宗思想有关。另外佛教壁画,如敦煌壁画,在中国绘画史上也有十分重要的地位。佛教文化影响着唐人日常生活每一处细节,也渗入唐代铜镜制作中,拓展了铜镜实际功用与制镜纹饰,如佛教尊崇的佛像、佛龛、莲花、菩提树、娑罗树、飞天、狮子、迦陵频迦、达摩、观音、摩羯、卍字等,极大地丰富了铜镜文化内涵,注入了新的生命与活力。

宝相纹饰成型较早,作为中国传统的纹饰之一,在隋唐时期盛行,又称"宝仙花",一般以花卉(莲花、牡丹)为主体,中间镶嵌着形状不同、大小粗细有别的其他花叶,花蕊和花瓣基部,用圆珠作规则排列,似熠熠闪光的宝珠,叠层团晕,雍容华贵。在传世的石器、铜器、瓷器、织锦等器物中应用广泛。

宝相花样式最早出现在北宋李诫《营造法式》文献中,为彩画装饰花卉类纹样之一,是由花朵、瓣叶、含苞欲放的蓓蕾和叶蔓等自然素材,按放射对称的规律,重新组合而成的装饰花纹。从图上看,早期是莲花,后来是牡丹。构成主要纹样有莲花纹、忍冬纹、石榴纹、如意云纹、牡丹纹、联珠纹等,这些纹样符号有着不同的寓意和所指。因唐、宋的社会发展状况、社会阶层喜好趋势所决定的对外交流情况与取舍的不同,直接影响了图案风格的演变。

从宝相花纹饰的演变看,最早出现于北魏石刻装饰中。在隋代,由于装饰风格日渐华丽、佛教美术逐渐中国化,变体莲花由此应运而生,而自古莲花就被公认为是佛国的圣物,是处于一般花草攀不可及地位的珍灵物,在佛教寓意中含有轮回、平和、静美之意。初唐,宝相花纹饰已经成熟,在隋代变体莲花的基础上,以严格的格律体为骨骼,花瓣层层交错,做辐射状排列。盛唐时期,已经趋于华丽,出现了多层次的叠晕法设色,以花中套花的手法吸收了牡丹花、山茶花、石榴花等新的元素。至后来的宋、元、明、清,虽有少量纹饰出现,但已非当时的主流。宝相花是一种奇妙的组合,它的每一细节似乎都有当时的时代现实依据,而从整体上看,却无法说清它到底是哪一种花。宝相花纹是一种多层次、表现花朵整体结构的花纹,外层多由对卷的忍冬叶或勾卷纹组成花瓣,也采用了中国传统的云朵、勾卷纹样。宝相花纹是唐代独具特色的纹样,已经图案模式化,是目前中国考古学界约定俗成、特指的一种纹样,与宋代文献中提到的宝相花有所不同。

作为中国传统装饰图案的一种,随着时间和朝代的更替逐渐形成具有中华民族特色且应用范围广泛的祥瑞纹样。宝相花纹的艺术形式和符号内涵的形成有着深厚的文化底蕴,其形式美与吉祥富贵、幸福圆满的象征意义更为紧密地结合在一起。

宝相花纹为现代家纺设计提供了本土艺术符号,同时也更好地拓展了宝相花的发展空间。宝相花纹的形成及大量作为装饰纹样,从一个侧面反映出中国文化从唐多元兼容向文化内敛的转变,成为可以和龙、凤吉瑞图案相媲美的植物花卉图案。宝相花是我国古代传统的吉祥纹样,它是一种综合了各种花卉因素的想象性图案,因此,宝相花是花却非花,将荷花或者牡丹等进行艺术处理,使之成为一种装饰化的花朵纹样,宝相花纹盛行自唐代,其后历朝历代虽然对它固有的形式进行不断发展演化,其艺术形式不断丰富,但是模式化的东西都被保留并传承下来,作为我国传统装饰纹样之一,又称"宝仙花""宝花花"。

安庆宿松于公元前184年设立松兹侯国,隋文帝开皇十八年(598年)改称宿松县并沿用至今,距今2200多年历史,文化底蕴丰厚,出土很多有分量且全国闻名的文物。这方唐代宝相花纹铭带铜镜,精美绝伦,完美无瑕,无不令人为唐代铸制工艺的先进与完美而惊叹、叫绝。

"唐镜瑰宝"海兽葡萄镜品赏

安庆市博物馆藏有一方唐海兽葡萄镜,圆形,兽钮,直径11厘米,1979年10月征集,定级二级。另藏一方海兽葡萄镜,方形,兽钮,边长9.4厘米,1979年10月征集,定级三级。

图2-4(a) 圆形海兽葡萄镜正面　　2-4(b) 圆形海兽葡萄镜背面

图2-5(a) 方形海兽葡萄镜正面　　2-5(b) 方形海兽葡萄镜背面

海兽葡萄镜,是唐代铜镜中最为流行、最受青睐的镜类,尤其西域流传过来的海兽、植物的纹饰图案,异彩神光,堪称唐镜中的瑰宝,历来为收藏界所追捧。

唐代以前铜镜的形状,多数为圆形,少数为方形,体现出中国人"天圆地方"的人生观念与价值取向。而铜镜发展到唐代,突破前人传统圆形的束缚,创造出各式花式镜,如菱花镜、葵花镜、四方委角形镜等,显现出唐代铜镜发展上一大重要变革,使形式美和主题纹饰美相得益彰,内容和形式的和谐统一,丰富了唐镜内涵,提升了美学价值。唐代创制的花式镜,也为后来宋代花式镜的发展拓展了空间。

唐初以四神、十二生肖、瑞兽为主题纹饰,至唐高宗至唐德宗时期,各式花镜出现并兴盛,主题纹饰由瑞兽、瑞兽禽鸟并重变为花鸟、花卉为主,而武则天时期是一个重要的过渡时期,承前启后,花卉、植物纹饰逐渐兴起,其中以武则天时期最流行的瑞兽葡萄镜的出现,为这一时期变格的重要标志。

整个唐代铜镜发展分为三个阶段:唐初期,唐高祖至武则天时期(618至704年);唐中期,唐中宗至唐代宗时期(705至779年);唐晚期,唐德宗至唐哀宗(780至907年)。那么唐代海兽葡萄镜贯穿于唐初期与中期之间,大致可分为四个时期:萌芽期(高宗时期,649—683年)、发展期(武则天执政前期,684—694年)、鼎盛期(武则天执政后期,695—704年)、衰落期(中宗至玄宗时期,705—722年)。

海兽葡萄镜的主要特征:就形制而言,一般有圆形、方形、菱形等,以圆形镜较多。钮制分为兽钮和圆钮,以匍匐状兽钮为多,为伏姿蟾蜍,也有钮兽为龟。主题纹饰为海兽和葡萄,以高圈分成内外两区,内区海兽攀爬葡萄枝蔓,兽为高浮雕,兽间为葡萄蔓枝叶,外区缠枝葡萄上落有雀鸟、蜂蝶,纹饰华丽而繁缛,还有一种"过梁"形式,其葡萄蔓枝内外连接,并延伸到镜缘边,以安徽省寿县安丰塘镇安丰城址出土的一方瑞兽葡萄纹镜"过梁葡萄纹"最为典型。有些内外区间还以二重齿纹高圈为界,边缘饰重瓣纹。

为什么称为"海兽",很有意思。海兽的名字应该是由瑞兽过渡而来的。从早期铜镜中出现的兽类,四神为青龙、白虎、朱雀、玄武,传统的四灵为麒麟、凤凰、龟和龙,还有鹤、鹿、牛、羊等,都是寄予神的化身,这些都是中华民族图腾的形象,因此雅称瑞兽。而整个唐代是个兼容并蓄的开放盛世,在传统铜镜铸造上吸纳了西域波斯等民族喜爱的动物与植物,"狮子""海马""葡萄",这些海兽图案流传过来,移植铸造在铜镜上,美轮美奂,见证唐代盛世多民族多文化的大融合,也是唐代盛世经济繁荣交流延伸海外的见证物。最早考古发掘发现,在今新疆民丰一座合葬墓里出土的东汉时代编制的人兽葡萄纹彩罽和走兽葡萄纹绮。海兽与葡萄纹饰,在唐之前,汉代已经出现,但海兽与葡萄两种纹饰组合在一起,主题纹饰随时代的变迁,只有在唐代多民族多文化融合的盛世时代,才出现在铜镜上,这不是偶然性,是东西方文化交流的必然性,符合当时时代的审美情趣与审美的追求。唐首都为内陆腹地,受到交通工具的限制,很少见海洋的鱼类、植物和异域动物,当时从西域就传入良种马、狮子。一种头大而圆的猛兽,与我们内陆的老虎不同,出现古代图案上,似狮子而又非狮子,称为狻猊。狻猊是中国古代神话传说中龙生九子之一,形如狮,喜烟好坐,所以形象一般出现在香炉上,随之吞烟吐雾。古书记载是与狮子同类能食虎豹的猛兽,亦是威武百兽率从之意。常出现在中国宫殿建筑、佛教佛像、瓷器香炉上。《尔雅·释兽》:狻麑如虦猫,食虎豹。后郭璞注释:即狮子也,出西域。有记载,张骞出使西域后,西域的狮子等动物引进唐代内陆,圈养供皇家王侯贵族玩乐。葡萄也是从西域引进唐朝,深受时人喜爱,葡萄枝叶蔓延与硕果累累,有富贵长寿、多子多福的寓意。

　　早年德国学者认为海马纹饰并非为铜镜上的兽,而是古代伊朗与祭祀有关的神圣动物,东传唐朝后讹传为海马。也有学者认为是海外流传过来的神兽。而这些观点,没有考古实物支撑。有些出土的铜镜纹饰中,是真实的海马图案,源自西域。早在北宋宣和时期,王黼编纂的《博古图录》第29、30卷有记载,有"汉海马蒲萄鉴""唐鹿凤葡萄鉴""汉海兽朱凤鉴""唐海兽葡萄鉴""汉海马狻猊鉴"等名来称呼。《博古图录》定名为海马葡萄镜,清代冯云鹏的《金石索》"海马蒲桃镜,博古图不释其意,或取天马来自西极及张骞使西域得蒲桃归之异欤?"

　　清代梁诗正等奉敕纂修的《西清古鉴》上,定名为"海兽葡萄镜"。还有"禽鸟葡萄镜""鸾鸟葡萄镜""天马葡萄镜"等多种称谓。从清代至民国,研究学者逐渐统一称为"瑞兽葡萄镜""海兽葡萄镜"。也有学者根据海兽葡萄镜形制、主题纹饰、瑞兽形象,将海兽归纳在瑞兽内,再细分为葡萄蔓枝镜、瑞兽葡萄镜、瑞兽鸾鸟葡萄镜三种。而用海兽命名后,厘清了与传统瑞兽的区别,也解决了后人研究时"瑞"与"海"混淆的问题。海兽葡萄镜,为唐代特有的铜镜,后代出现多为仿制。

　　唐代海兽葡萄镜,沿古丝绸之路流传甚广,向西从内陆腹地延伸至西域,向东传至朝鲜、日本,向北传至俄罗斯等,亚欧大陆都有传世收藏和出土发现,为唐代最为吸引人的镜类,其纹饰凝重精致,工艺繁缛考究,充满古老而神秘的色彩,被众多中外学者誉为"多谜之镜"。

宋"五子登科"铭铜镜

安庆市博物馆一楼文物临展厅,展出一面宋代"五子登科"铭铜镜,十分特别,引人入胜。铜镜直径18厘米,镜缘厚6厘米。镜面"五子登科"铭文,楷体,于方框内,四字上下左右对称分布。铜镜花纹样式简单,有佛"卍"字、牡丹、蝴蝶、百宝纹、祥云等图案,其精致程度,已无法和战国、汉、唐盛世的铜镜比较。铜镜发展至宋代已经衰落,镜面质地会有一些黑漆古,而年代越往后含铜量越大,如这面铜镜,在铜质上已经感受到它的色泽在慢慢地偏向于褐黄色或者是黄铜色。镜缘与弦纹之间的部分有一道沟痕,且文字多带方框,这都是宋镜的特征,还有宋代少见工匠款识,明代"五子登科"铭镜大多留有款名。

图2-6 宋"五子登科"铭铜镜

"五子登科"的典故,出自《宋史·窦仪传》,记载:宋代窦禹钧的五个儿子仪、俨、侃、偁、僖相继及第,故称"五子登科"。

相传窦燕山,唐末五代时人,家住燕山一带,故人称窦燕山,原名窦禹钧,出身于世代富庶的人家,家境殷实,门户旺盛,是方圆百里皆有名望的财主。但他为富不仁,什么奸诈之事都做,坑蒙拐骗,心眼很坏,收租子用大斗丈量,卖出粮食用小斗细细地称,不择手段,费尽心机,攫取老百姓的钱财,周边老百姓苦不堪言,可又畏惧他家的权势。

窦禹钧泯灭良心的不义行为激怒了玉皇大帝,虽然他三十岁而立,万贯家财,却招致膝下无一子的窘境。

有天夜晚，梦中遇见去世已久的父亲。老父亲长叹一声，说："儿啊！你心胸狭窄，心术不正，玉帝已经知道了，以后命里注定你无子，而且短寿。你还不醒悟，不积阴德，钱再多有何用？"窦禹钧惊吓醒来，潸然泪下，幡然醒悟。

有次新年的一天，窦禹钧跑到延庆寺去烧香拜佛求子。在寺中大雄宝殿的拜垫下，偶然拾得一布包，抖开一看，里面竟有白银二百两、黄金三十两。他心想：一定是哪位大意，遗失了这么贵重的财物，这如何了得？便留在寺中守候。果不其然，一哭啼不已的男子跑进殿来，四处张望寻找，窦禹钧上前问其何故，男子说："绑匪掳去我爹，索要财物，不给将被处死。我好不容易乞求亲友，东借西凑，凑齐白银二百两、黄金三十两，恰巧路经此寺，便想敬香求佛保佑爹平安，不曾料想慌张之际，落下了这袋银两。丢失银两我爹必死，这如何是好？"窦禹钧确认失主无误后，就将布袋银两如数奉还，并赠一些碎银两为失主路上盘缠，失主立刻由悲转喜，道谢恩公后辞去。

窦家家大业大，仆人丫鬟无数。有次一仆人深夜偷了钱柜里银两，越想越怕，黎明之前，他便逃走了，留下一幼女和一份卖女契约。窦禹钧白天发现后，十分同情，为一点小钱毁家弃子不值，便一把火烧了契约，收养女孩。等养大后亲自挑选婿家，给她一个好的归宿。乡里穷人很多，娶不起媳妇，没有钱买彩礼，窦禹钧都出银两给置办彩礼。亲戚中有没钱办丧事的，出不了殡，他也出钱帮助办丧事。一日复一日，除了日常开支，窦禹钧家银两全部用来救济穷人了。很多贫苦人家的孩子不能上学识字，窦禹钧便在乡里购地建学堂，出资请周边最好的先生教书，免费让穷苦人家孩子读书识字，还补贴伙食，重金购置名家经典书籍几千卷，供孩子们读书用。为此，家境也不如从前了，家人金银首饰不见了，华丽衣服也少了。

有天晚上，窦禹钧又一次梦见爹。爹喜悦地说："儿，你阴德浩大，美名远扬，玉帝已经知道了。你会有五个儿子，个个能金榜题名，还能活到八九十岁。"

此后，窦禹钧更是广结善缘，广做善事。

没过多年，先后生了五个儿子，他喜出望外。自此后，窦禹钧教子有方、家庭和睦，窦家家业、人丁兴旺发达。长子名仪，后晋时中了进士，入宋官至礼部尚书、翰林学士，是宋初一代名臣，他去世后太祖赵匡胤曾悲伤地感叹："天何夺我窦仪之速耶！"次子名俨，亦为后晋时进士，历仕汉、周，宋初任礼部侍郎。

三子名侃,后汉进士,曾任宋起居郎。四子名偁,后汉进士,入宋任左谏议大夫。五子名僖,后周进士,曾任宋左补阙。世人称誉为"窦氏五龙"。当五个儿子均金榜题名时,侍郎冯道赠他一首诗:"窦燕山十郎,教子以义方。灵椿一株老,丹桂五枝芳。"后来,窦禹钧的八个孙子,也都富贵腾达。窦禹钧最后官至谏议大夫,享年八十二岁,临终前谈笑风生,与亲友告别,沐浴更衣,无病而终。

《三字经》中就有"窦燕山,有义方,教五子,名俱扬"的颂赞,并有了"五子登科"这一成语,寄托了后人期盼自己的孩子都能像窦家五子那样,联袂科举登第,获取功名,使得未来的人生大富大贵、前程锦绣。

至今宋镜传载下的故事,对后世仍具有一定的警示寓意。

目连戏及目犍连尊者

京剧、越剧、黄梅戏、评剧、豫剧等地方戏曲,均有目连戏。目连戏是中国最古老的汉族戏曲剧种,因《目连僧救母》而得名,堪称戏剧鼻祖,有"戏曲活化石"之称,是中国唯一的一种历史宗教戏。最早见于西晋竺法护所译《佛说盂兰盆经》,"盂兰"是梵文音译,意为"救倒悬"。目连救母故事在《佛说盂兰盆经》这样记载:闻如是。一时佛在舍卫国。祇树给孤独园。大目犍连始得六通,欲度父母报乳哺之恩。即以道眼视世间,见其亡母生饿鬼中,不见饮食,皮骨连立。目连悲哀,即以钵盛饭,往饷其母,母得钵饭,便以左手障钵,右手搏食,食未入口,化成火炭,遂不得食。目连大叫,悲号涕泣,驰还白佛,具陈如此。佛言:"汝母罪根深结,非汝一人力所奈何。汝虽孝顺,声动天地、天神地祇、邪魔外道、道士、四天王神,亦不能奈何,当须十方众僧威神之力乃得解脱。吾今当说救济之法,令一切难皆离忧苦。"佛告目连:"十方众生,七月十五日,僧自恣时,当为七世父母,及现在父母厄难中者,具饭百味五果、汲灌盆器、香油锭烛、床敷卧具、尽世甘美,以著盆中,供养十方大德众僧。当此之日,一切圣众,或在山间禅定、或得四道果、或在树下经行、或六通自在教化声闻缘觉、或十地菩萨大人,权观比丘,在大众中,皆同一心,受钵和罗饭,具清净戒,圣众之道,其德汪洋。其有供养此等自恣僧者,现世父母、六亲眷属,得出三涂之苦应时解脱,衣食自然;若父母现在者,福乐百年;若七世父母生天,自在化生,入天华光。"时佛敕十方众僧,皆先为施主家咒愿,愿七世父母行禅定意,然后受食。初受食时,先安在佛前,塔寺中佛前,众僧咒愿竟,便自受食。时,目连比丘及大菩萨众,皆大欢喜,目连悲啼泣声释然除灭。时,目连即于是日,得脱一劫恶鬼之苦。目连复白佛言:"弟子所生母,得蒙三宝功德之力,众僧威神力故。若未来世,一切佛弟子,亦应奉盂兰盆,救度现在父母,乃至七世父母,可为尔否?"佛言:"大善快问!我正欲说,汝今复问。善男子!若比丘比丘尼、国王太子、大臣宰相、三公百官、万民庶人,行慈孝者,皆应先为所生现在父母、过去七世父母,于七月十五日,佛喜欢日,僧自恣日,以百味饭食,安盂兰盆中,施十方自恣僧,愿使现在父母,寿命百年无病、无一切苦恼之患,乃至七世父母离恶鬼苦,生人天中,福乐无极。是佛弟子修孝顺者,应念念中,常忆父母,乃至七世父母。年年七月十五日,常以孝慈,忆所生父母,为作盂兰盆,施佛及僧,以报父母长养慈爱之恩。若一切佛弟子,应常奉持是法。"时目连比丘、四辈弟子,欢喜奉行。(《中华大藏经(汉文部分)·正编》第19册H0284。中华书局1986年版。)

关于盂兰盆会的最早记载,始于南朝梁人宗懔所撰《荆楚岁时记》。至唐代,改编成说唱文学《目连救母》(敦煌变文之一)。元末明初之际,目连戏由江西弋阳腔和高淳当地民间音乐、小调相结合形成,又称高淳阳腔目连戏。演唱主要用高腔形式,以鼓击节,用锣、铙伴奏,唱腔有四平头、吊句子、念板、滚板等,曲牌有娥儿郎、新水令、红衲袄等。弋阳腔的特点是台上演员独唱,后台众人帮腔,用打击乐伴奏,并创建滚调。高淳目连戏演出本是明代郑立珍的《目连救母劝善戏文》,共9本,至清末已濒临失传。目连戏近千年来广泛流传,融合了各个历史时期的戏剧、宗教、民俗,包容了儒、释、道各家的思想,形成了一个庞大、综合性的戏曲形式,具有较高的学术研究价值。

千百年来,目连救母的故事经过无数民间艺人的锤炼,以其博大纷繁的戏剧形式、包罗万象的表演手段、积淀深厚的音乐素材及情景交融、观演互动的演出排场,在民间盛演不衰,一度广泛流布于安徽、江苏、浙江、江西、湖北、湖南、四川、山西、福建、河南等地。

明代万历年间安徽祁门清溪人郑之珍,在过往杂剧、变文及传说等的基础上撰写出《新编目连救母劝善戏文》,与明代高淳《目连救母劝善戏文》作者郑立珍,是否为同一个人,有待后考。高淳目连戏一经产生,便在祁门、休宁、石台、婺源、歙县等地广为流传。《目连救母劝善戏文》分上、中、下三卷,计100折

(出),历叙:"傅相一生广济孤贫,斋布僧道,升天后受封。傅妻刘氏青提(又叫刘四娘)不敬神明,破戒杀牲,死后被打入阴曹地府。其子傅罗卜为救母往西天求佛超度,佛祖为其所感,准他皈依沙门,改名大目犍连,并赐其《盂兰盆经》和锡杖。目连在地狱历尽艰险,最终寻得母亲,一家团圆超升。"其剧吸收了许多民间传说和故事,颇具浓郁的乡土民俗气息。演出中将"唱、做、念、打"融为一体,穿插以筋斗、跳索、蹬坛、叠罗汉等杂技表演,在戏曲表演艺术上独树一帜,对其他剧种演变发展也产生较大影响。另外,傩戏、民间小曲、山歌、小调、舞蹈、武术、杂耍、乐器、绘画、雕刻、皮影、剪纸和风尚民俗等内容,也无一不与目连戏巧妙地结合起来,极大丰富了目连戏的内容,使其具有观赏娱乐、教化劝世的文化和宗教功能。祁门目连戏原没有固定演出场所,以鼓击节,锣钹伴奏,不用管弦,上寿时则用唢呐。其基本唱腔古朴,为明中叶流行于徽州一带的"徽池雅调",即徽州腔、青阳腔,保留"滚调"特点。角色分生、旦、末、净、杂、褶,脸谱有鬼脸、标脸、花脸等。表演吸收民间武术、杂耍的一些技巧,能走索、跳圈、窜火、窜剑、蹬桌、滚打等,这些表演特技被巧妙地融入剧情当中,成为表演武戏的特殊招式,为后来徽班的武戏表演奠定基础。演出班社大多以宗族为单位组班,即一个班社均由同宗同族的人氏组成,外姓人不得加入。明末文学家张岱曾观看过徽州演员演出目连戏,在《陶庵梦忆》留下了这样的记载:"余蕴叔演武场搭一大台,选徽州旌阳戏子剽轻精悍、能相扑跌打者三四十人,搬演目莲,凡三日三夜。四围女台百什座,戏子献技台上,如度索舞絚、翻桌翻梯、斤斗蜻蜓、蹬坛蹬臼、跳索跳圈、窜火窜剑之类,大非情理。凡天神地祇、牛头马面、鬼母丧门、夜叉罗刹、锯磨鼎镬、刀山寒冰、剑树森罗、铁城血澥,一似吴道子《地域变相》,为之费纸札者万钱,人心惴惴,灯下面皆鬼色。戏中套数,如《招五方恶鬼》《刘氏逃棚》等剧,万余人齐声呐喊。"这些记载下来怪异的目连戏,反映了当地民众的生活、情感、风情。徽州目连戏作为徽文化的一个重要的组成部分,为后来本区域地方戏曲发展奠定了基础,极具重要的研究价值。

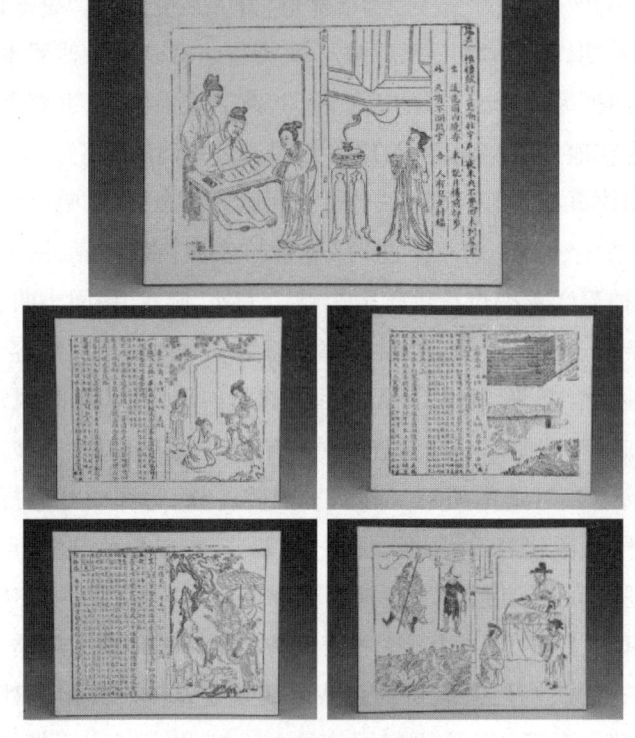

图2-7 目连戏梓板局部拓片

目连戏的演出有"两头红"的说法，就是从太阳落山开始演，一直演到第二天的日出。它一共有100出戏，主要有"目连娘出嫁""和尚下山""挑经挑母"等。如果连续演出可以演七天七夜。目连戏的演出场所也与其他戏种有很大不同。"目连戏"并没有固定的演出场所，整个山村都可以是表演的舞台。从这一点来看，目连戏更像一种祭祀活动，保持了很多戏曲的原始情愫，值得后人探索研究。

目连戏演出形式有二：一种为演员直接扮演，谓之"大目连"；另一种为演员操木偶演唱，谓之"托目连"。一般以春、秋两季为盛，有"稻旺戏"（秋收）、"堂会戏"（公堂办，每五年或十年一届）、"庙会戏"（朝九华山）、平安戏、香火戏（还愿）等名目。演唱时间一、四、七、十日不等。

现仅存留有徽州目连戏、绍兴目连戏、辰河目连戏、南乐目连戏。这一濒危古老戏曲种类，亟待我们后人去保护、传承、整理、研究。

有关佛家目犍连本人，与《目连僧救母》故事中人物有很大出入，那是佛教入汉后，汉化版的《目连救母》故事。佛家目连，又名目犍连，全名"摩诃目犍连","摩诃"在梵文中意思是"大",又译为"大目犍连",是释迦牟尼十大弟子之一。佛经《智度论》(龙树著)说得很明白:"舍利弗是右面弟子,目犍连是佛左面弟子。"佛陀住世时的十个主要弟子,分别为:摩诃迦叶、目犍连、富楼那、须菩提、舍利弗、罗睺罗、阿难陀、优婆离、阿尼律陀、迦旃延。其中目犍连,身材颀长,方脸大耳,面容表现出坚毅的神情,他很乐观、勇敢,常为正义的事打抱不平。佛陀的比丘弟子中,有神通的弟子非常多,而目犍连被推为神通第一,就是因为他在教化中常显神通,佛陀虽不许弟子显异惑众,但对目犍连的神通却常常称许。

据南传上座部佛教《巴利三藏》一说,目犍连在过去世没有用石头砸死父母。当时的目犍连受到怂恿,将父母带到森林里面,然后自己装扮成强盗想要杀害父母,此时,他的父母却十分担心目犍连的安全,一边逃跑一边高声大喊,要儿子离开。于是,目犍连被父母的骨肉亲情所感动,脱下了伪装跪下向父母认错,得到了父母的原谅。

目犍连尊者之所以这一生受到被人用石头砸死的果报,实际上是缘起于他那一世内心受怂恿对父母所起的杀害之心。果报并不是一一对应的,而是很复杂的因缘系统,不能将果报简单地理解为一报还一报,果报的因缘,只有佛陀的智慧才能完全了解。

目犍连尊者在过去世中是一个渔夫,杀鱼不计其数,他这就种下了恶报的种子。目犍连尊者已证得阿罗汉果,他知道过去的这些事情,也知道必有果报,知道果报来了就必须承担,逃是逃不掉的,就算逃过这次,未来还得受果报。目犍连尊者明白这个道理,所以他选择了承担。这和耶稣被钉十字架也是同样的道理。果报来了就要勇于承担,这才是大丈夫的行为。

目连戏精彩就在于将佛家的目连,入戏在《目连僧救母》故事里,将深奥的佛法与人性的善恶撞击,从更深层次的角度令观众对自我人生与佛禅智慧进行剖析。目连戏的精髓在于惩恶扬善,弘扬慈孝,教人自律,佛法也因目连戏而广泛传播。

明代青花牡丹孔雀纹梅瓶品鉴

安庆市博物馆皮藏一只明代青花牡丹孔雀纹梅瓶。为景德镇民窑制。瓶高31厘米,腹围56厘米,底径10.5厘米。1983年5月由市文物商店征集入藏,为国家一级文物。

图2-8(a) 梅瓶侧孔雀面   图2-8(b) 梅瓶侧牡丹面

器型特征:圆口卷唇,短颈丰肩,足外撇。肩上部整体纹饰为缠枝莲纹;腹部主题纹饰为牡丹、雌雄一对孔雀、玲珑石等;胫部一圈蕉叶纹;圈足内凹,圈足壁斜削,成斜坡状;糙底无釉,露胎处泛火石红;胎体厚重,胎质细腻洁白,白釉泛青,釉质丰润;瓶身为三段拼接,接痕明显。

主题纹饰:牡丹有大富大贵、大吉大利寓意。孔雀,是百鸟之王,是吉祥鸟,从古至今,孔雀在艺术、传说、文学和宗教上久负盛名,孔雀是最善良、最聪明、最爱自由与和平的鸟,是吉祥幸福的象征,孔雀也可看为是绶带鸟,绶与寿谐音,表示长寿之意。辅助性缠枝莲纹,以莲花组成的称"缠枝莲",又名"万寿藤",是以一种藤蔓卷草经提炼变化而成的,委婉多姿,富有动感,优美生动,有吉庆寓意,也是传统吉祥纹样之一,因其结构连绵不断,故又有"生生不息"之意。

梅瓶,是一种小口、短颈、丰肩、瘦底的瓶式,造型挺秀、俏丽,近代许之衡

(1877—1935)在其《饮流斋说瓷》一书中说："梅瓶口细而颈短，肩极宽博，至胫稍狭，抵于足微丰，口径之小仅与梅之瘦骨相称，故名梅瓶。"

图2-9

梅瓶也称"经瓶"，出现于唐代，盛行在宋代。在宋朝，民间生产了很多梅瓶，一般在大小酒肆里都能见到。宋代的梅瓶，器体一般高且偏瘦，肩部向下斜，足部长而接近于直线，底部比较小，器体的最小直径在肩部之上至口下部，处理手法多样，常有棱角分明的转折。各地瓷窑都有烧制，但以景德镇青花梅瓶最为精湛。

梅瓶的起源与发展，经历了唐、宋、元、明、清五个朝代，造型与装饰纹饰虽有变化，但基本特征还是大体一致，小口，短颈，宽肩，长腰，这是历代梅瓶的基本特征。

明代梅瓶造型，口部圆浑厚实，没有明显的线角转折，肩部向上抬起，线条饱满而有力，腹部之下，呈垂直状，有的微微向内敛，在足部的结束部分，稍向外撇。明代梅瓶继承了元代梅瓶的器形样式，制作俏丽挺拔，肩部浑圆丰满，颈部肥硕、敦厚端庄。

明代梅瓶制瓷，也大致分为前、中、后三个时期。永乐、宣德是明代前期；成化、弘治是明代中期；嘉靖、万历是明代晚期。永、宣前期，梅瓶胎体厚重，色料深沉、艳丽，纹饰线条粗犷、有力度，线条优美，造型古朴，器形比例均匀，底足厚重，有大气稳重感。前期纹饰不再有元代密不透风感，有留白有空间，纹饰出现神话传说的八仙、婴戏图等，还有如园林花卉、竹石芭蕉、缠枝莲、缠枝牡丹等题材，出现在梅瓶上较多。

元代与明代早期的青花瓷器，大多以进口的苏麻离青为青料，并形成独特的风格。景德镇制瓷历史上，使用苏麻离青，大致分为四个时期：一是元代晚期；二是明代洪武时期；三是明代永乐、宣德时期；四是明代正统、景泰、天顺时期,也就是瓷器史上常常说的"空白期"。

明代景德镇的瓷器,以青花为最主要的产品,但各品种瓷器都十分出色,按照制瓷工艺分为:釉下彩、釉上彩、斗彩和颜色釉四大类。釉下彩是指青花和釉里红瓷器,因在胎上彩绘,着釉后一次性烧制而成。明代景德镇的青花瓷是釉下彩发展到的最高阶段。

就整个明代青花瓷而言,从洪武、永乐、宣德,到空白期正统、景泰、天顺,再到成化、弘治、正德、嘉靖、隆庆、万历、天启,最后到崇祯,每一个朝代从器物种类与造型,胎、釉及制作工艺特征,青花色料及绘画技法,装饰题材等,都各不相同,各显其彩,彰显青花瓷博大精深的艺术魅力。

青花用料上,洪武年间青花瓷与元青花有差别,不如元青花浓翠,偏淡、偏灰,是因这一时期,从波斯进口苏麻离青色料钴土矿一度中断,改用国产含铁量、含锰量较高的钴土料所致。从永乐朝开始,青花瓷的制作已经逐渐成为景德镇瓷器生产的主流,由于郑和七次下西洋,加深了明代在海上与中亚、西亚的贸易往来,带回来了大量苏麻离青进口料,进口苏麻离青料,含铁高、含锰低,在烧制过程中,由于含锰量低,减少了青色中的紫、红色调,在合适的火候控温下,能呈现宝石蓝色泽,但是由于含铁量高,往往会在青花局部出现黑铁斑点,这一烧制中自然形成的黑铁斑和浓艳的青蓝色,辉映成趣,成为永乐与宣德年间青花瓷的特点。除官窑烧制有底款辨识外,其他民窑品均无款识,后人鉴别时很难划分永乐和宣德,后来历史上就统称宣青,或者用永、宣并称。

用料上永乐与宣德青花区别:一是釉面有肥亮感,这个是永乐典型的特点,因永乐青花烧制温度高,釉内气泡比宣德青花少,因此釉面有肥亮感,但是大多数永乐瓷也有很多气泡,用30倍的显微镜观察,气泡分为大中小三种不同类型;二是永乐青花瓷的釉,为白中泛青色,少数瓷器有开片;三是青花有晕散现象。永乐、宣德,一直到成化前期的青花釉都有黑铁斑,但永乐瓷器青花有较多晕散现象,宣德瓷器也有发现,但和永乐相比,就比较少了。

明代梅瓶纹饰,前期神话传说中的八仙、婴戏图较多,出现了园林花卉,竹石芭蕉,同时有缠枝莲、折枝牡丹等题材。莲花纹饰中,莲瓣有仰、覆之分,瓣内常填饰有如意头和不规则的圆点、钱纹、方胜、灵芝、螺、角、夹板、轮等杂宝,以及折枝花果,莲瓣的边框线为双勾而不填色,两大花瓣间,叠以一小花瓣尖,瓣心填色的很少,花卉纹均花大叶小,卷叶粗而短,缠枝莲叶呈螺旋丝叶状,稍微长的,或称之为葫芦形,仍然保持着元代的遗韵,缠枝莲花头似明锦中的宝相花。料色前期浓重凝集,浓淡不同的料色,使纹样层次清晰中有浅淡晕散。中期除保持了前期饰纹、题材以外,出了鱼藻纹、高士访友、莲池鸳鸯等新纹饰。成化年间,民间青花艺人创造出晕染技法,纹样线条清爽,人物、动物形象生动飘逸,料色淡雅,用笔纤细柔和,釉色莹润。明代后期,以道教题材为主要装饰纹样,八卦、云龙、云鹤、福、禄、寿等吉祥的纹样占很大比例,造型粗犷,体形硕大,纹饰多用粗线条,开始出现写生题材,在山水、花鸟的粗放生动形态中可以看出写生作画的形象。青花料色蓝中带紫,胎体厚重粗松为主,也有细密的精致之作。开始出现五彩梅瓶,改变了以前单色绘画的情况。

安庆博物馆庋藏的这只梅瓶,如果在断代方面,进一步深化考究,鉴定为永乐时期比较妥当,主要有如下特征:

1. 元代梅瓶口部是直口,上窄下宽的式样,到明代消失,该瓶口卷唇,这是典型的明代梅瓶特征。

2. 明代梅瓶的底部较宽些,而元代较窄,器物底部无釉,是元代特征,而永乐青花器物,包括其他品型器物,除大盘、扁瓶等少数大型器物外,多数器物底部均已施釉,这是永乐一个很重要的时代特征。

3. 瓷器用釉,白中泛青,有肥亮感,具有散晕和黑铁斑,胎瓷细腻润白。同时,在永乐朝时出现甜白瓷,胎质细洁,釉色白莹。

4. 永乐青花器物中的蕉叶纹,很多茎中空而不填色,芭蕉叶的主脉不画到叶尖端,呈现细瘦等腰三角形状,叶缘、锯齿纹粗,叶缘轮廓线不加衬托,主脉两旁以复笔渲染。

5. 肩部莲花纹饰,四朵莲花其中两朵并近,上下对称状,卷叶短而粗,莲叶呈螺旋丝叶状,早期特征明显。

6. 题材上出现缠枝莲、折枝牡丹等早期梅瓶纹饰。玲珑石古朴,自然天成,没有人工巧雕痕迹,属于早期纹饰。

"戒衃绸桑"碑文释义

安庆市博物馆藏有一块明代崇祯九年（1636年）的碑。碑为长112厘米、宽40厘米、厚10厘米的长方形，右端断裂，有修补痕迹。碑文自右向左，记载如下："钦差整饬安池等处监军道史可法""安庆知府皮应举""同知康良献""通判唐良棐""推官薛之垣"，为四列竖写小字在碑右端，碑文"戒衃绸桑"楷体双钩大字，横卧其中。双钩体，乃真、草、隶、篆五体之外杂书体，古人临摹法帖，覆盖薄纸，用笔勾勒字体轮廓，又称"双钩""空心字"。左端两列竖写小字落款，为"怀宁县知县黄配元""崇祯玖年孟夏月吉旦立"。

碑文"戒衃绸桑"四字，令人费解。

崇祯八年，史可法以参议分守池州、太平府。因湖北张献忠的农民起义军攻占宿松、潜山、太湖，将攻安庆，兵部侍郎、总理卢象升，改任史可法为副使分巡安庆、池州，监江北诸军。史可法率部多次挫败农民起义军，解除安庆被攻的危情。崇祯十年三月，江南巡抚张国维的副将程龙，在宿松被农民军打死，数千人覆没，明朝廷又将史可法升任佥都御史，巡抚安庆、庐州、池州、太平四府及河南光州、光山和固始，湖北蕲州、广济和黄梅，江西德化、湖口等县。

而安庆府本来就为鱼米之乡，明代怀宁县便有"年丰米谷上街贱"一说（康熙《怀宁县志》），吴其浚《植物名实图考》则言安庆府"山地多有苎"。地势、气候条件，使得安庆区域的百姓，喜欢植桑养蚕，或种苎麻。明太祖朱元璋曾下诏天下："凡农民田五亩至十亩者，栽桑、麻、木棉各半亩，十亩以上者倍之……不种桑使出绢一匹，不种麻及木棉使出麻、棉布各一匹"（《明太祖实录》卷17），洪武元年推行全国，促进了各地棉、桑、麻的种植。

史可法（1602—1645），河南祥符（今开封）人，字宪之，号道邻，崇祯进士，初官员外郎、郎中，后任南京兵部尚书。清兵南下，弘光帝政权建立后，任礼部尚书，兼东阁大学士，时称"史阁"。后因寡不敌众，清兵攻破扬州城池，史可法自杀未果被俘，不屈被害，清末有"姚门四杰"之称的东方树[（1772—1851年），字植之，著有《仪卫轩集》等多种书著，安徽桐城人]的《书史忠正公家书》中，对史可法抵抗清兵入主中原、壮烈殉国的事迹深表崇敬。史可法文武全才，可惜留传的墨迹甚少。

"戒衪绸桑"四字,从碑文来看,属于碑志类,碑志包括碑铭和墓志铭。旧时山川古迹、官室寺观、神庙家庙、楼亭堂壁、封禅记功,都有刻石为碑以资纪念之习。而铭的作用有两种,一种是祝颂;一种是规诫。显然,此碑为规诫的碑铭。其中"戒"同"诫",有警告、劝告、告诫之意;或者"戒"指禁止做的事情。

由于明末农民起义不断,作为封建统治内部持进步、开明主张的史可法,也渴望社会稳定,百姓安居乐业,不受战事困扰。此碑系史可法在兵乱之中,随同安庆知府皮应举、同知康良献、通判唐良棐、推官薛之垣等一行官员,前往怀宁县巡视,体察民情,重视农业,禁止任何人损害桑树,保护农桑业,立碑起一种规诫、保护作用。从落款"怀宁县知县黄配元"知,是地方县府的保护行为,此碑为后人研究史可法,提供了可靠的实物资料。

第三篇 清省府、都会——皖江萌动篇

康熙青花仕女婴戏纹将军罐

安庆市博物馆珍藏一件清代康熙青花仕女婴戏纹青花将军罐。

图3-1

  将军罐这一器型,系由陶瓷器里最为常见的罐类器物演化而来,主要类型分为盖罐、系罐两类。罐在新石器时期已经出现,发展至宋、元时期,出现了一种短颈大腹的直口罐和一种荷叶状盖型的罐,而将军罐正是以元代荷叶罐为参照蓝本,延伸而来的。据瓷器研究界对实物的考证,真正成型、成熟的将军罐,是在明代嘉靖、万历年间,特点:一是短颈大口,大多肩以下渐广,至腹部最大处内收,平底;二是盖钮,多为火焰钮、洋葱钮、宝珠钮。

  发展至清初顺治时期,器型已显丰满,器身较粗矮,直口丰肩,腹下敛收,有些器物高度达一米左右,有些在颈部有孔,可以穿钉上锁。至康熙时期,也是将军罐发展的鼎盛时期,其经历了三种样式的发展:一是丰肩鼓腹式;二是鼓腹下收式；三是鼓腹下收式外撇。丰肩鼓腹式，多在康熙早期流行，造型与顺治时期相似，直口短颈，丰肩鼓腹，多为无釉平底，有些配有笠帽行盖。鼓腹下收式，多为康熙中期造型，器物器型挺拔，肩与腹的线条逐渐圆润，腹部下收，且罐口直径缩小，罐盖直径变大延长。鼓腹下收式外撇，则为康熙晚期造型，器物器形高大秀美，从肩部开始下收，底足较早期中期罐型更显外撇，且多有二层台式圈足。

图3-2

康熙时期的釉下彩，制作有青花、釉里红、青花釉里红、釉里三彩及各种单色釉下彩。其中，康熙时期的青花，是继明代永乐宣德时期青花、成化青花和嘉靖青花之后的又一青花制作的高潮时期。康熙时期青花的青料，主要使用的是国产浙江料，由于瓷器发展至明代晚期，提炼钴土矿的方法，由"水沉法"改进为"煅烧法"，青花的发色也十分鲜艳。康熙时期烧制的青花有一股浓翠的感觉，色泽鲜艳，这是康熙青花的特点，而且浓淡相宜。康熙时期已经"墨分五色"，层次感更强。

康熙时期青花的画工绝佳，十八描、斧劈皴、丁头鼠尾、披麻皴等国画技法在青花制瓷绘画中广泛应用。这一时期"分水法"是类似于国画工笔的渲染技法在制瓷上的沿用，在参照国画的"墨分五色"衍生出"头浓、正浓、二浓、正淡、影淡"五个青花料的色阶，用于青花制瓷绘画装饰。

康熙青花瓷以胎体釉色青翠细腻，胎体造型大方优雅，彩绘技艺精湛而闻名于世。

康熙青花制瓷在时间上可划分为初、中、晚三个时期。初期为康熙元年至康熙十九年；中期为康熙二十年至康熙四十年；晚期则为康熙四十年至康熙最后一年1722年。其中，康熙中期制瓷水平最高、工艺最为精致。

康熙时期的青花瓷器的釉色特点：胎釉上，康熙早期釉层肥厚，胎体较厚实，釉色呈现青白色，釉质透明凝厚，胎色呈白或灰白色，至康熙中后期，胎质洁白细腻，坚硬致密，胎体渐变薄，衔接痕平滑规整，釉质也变得莹润柔和，釉层轻薄，青花色彩浓艳，釉色洁白无瑕。康熙时期青花，令世人所瞩目，在中国陶瓷发展史上具有举足轻重的地位。

自清顺治、康熙以来，瓷器上大量出现仕女图纹饰，有教子图、蟾宫折桂、四妃十六子等吉祥寓意的仕女婴戏图案，还有戏曲民俗故事西厢记、琵琶记等图案，在制瓷上不仅采取青花绘画，还采取色彩鲜明的五彩绘制。其中康熙青花中"四妃十六子"图为清代传统仕女婴戏图典型题材，四妃出自宋代高承《事物纪原·帝王后妃·四妃》："三代有三夫人而无妃号，汉有贵人，魏始置妃，此夫人号妃之始也。唐初皇后而降，有贵、淑、德、贤，是为四妃也。""十六子"则是十六相或十六族的引申，指古代传说中的高阳氏后代八恺和高辛氏后代八元，此为舜向尧推荐的十六贤臣，因各有功勋，皆赐姓氏，故称十六族，也称十六相也。

清末民国初的许之衡在《饮流斋说瓷》中说，"康熙笔画为清代冠，人物似陈老莲、萧尺木，山水似王石谷、吴墨井，花卉似华秋岳，盖诸老规模治溉远近故也。"阐述了这一时期的仕女图形象，受到了陈老莲、"四王"等人物绘画风格的影响，以皴笔分水法，增加画面层次感，人物形象上普遍较高大，且仕女带有"瓜子脸、樱桃嘴、蚱蜢眼"的清代美学特征。正如清代高崇瑞，在《松下清斋集》所言："天下名山胜水，奇花异鸟，惟美人一身可兼之，虽使荆、关泼墨，崔、艾挥毫，不若仕女之集大成也。"制瓷匠人们在绘画中，连仕女们表情、发髻、服饰皱褶等细微之处都刻画得一丝不苟，淋漓尽致，这种工笔画法，也是取自传统仕女绘画中的游丝描、柳叶描、铁线描等"十八描"技法。

婴戏图是以孩童玩耍时的形象为表现内容的吉祥纹样，最初为民俗观念里的祈子求福，随着社会发展，人们世俗心态与审美理念的变迁，又承载了人民对生命、美好生活追求的吉祥祈愿。按照孩童游戏的内容，大致分为：婴戏动物纹、婴戏植物纹、孩童游戏纹、仕女婴戏纹四类。仕女婴戏纹是由仕女与游戏中孩童组合构成,这是明清时期制瓷绘画的典型题材之一。

明代瓷器上的仕女流行梳堕马髻,为古代汉族妇女的发髻式样。因将发髻置于一侧,似堕非堕之状,故名。属于魏晋时期妇女的一种发型,为一种偏垂在一边的发髻。堕马髻据说是东汉权臣梁冀的妻子孙寿发明的。《后汉书·梁冀传》:"寿色美而善为妖态,作愁眉、啼妆、堕马髻、折腰步、龋齿笑。"李贤注引《风俗通》曰:"堕马髻者,侧在一边。"寿,孙寿,梁冀妻。另有一说:发髻松垂,像要坠落的样子。故又叫"坠马髻"。《乐府诗集·梅花落》:"天姬坠马髻,未插江南珰。"根据文献资料,明初的女髻变化不大,基本上沿用宋元时期的样式,至明代嘉靖时期以后,样式变化增多,有"挑心髻""桃心顶髻""鹅胆心髻""堕马髻""金玉梅花""金绞丝灯笼簪"等,明代中后期流行堕马髻和假髻。

明代瓷器上的仕女脸庞圆润,服饰采用较为成熟的勾线分水技法绘制,人物周围的松树草木也采用分水晕染法,至康熙时期,仕女形象渐变高大,面部表情刻画细腻,人物眉眼带笑传情,青花色泽艳丽,成熟的分水技法,使得画面层次感极强,众多佳作精品问世。

安庆市博物馆这件康熙青花仕女婴戏纹将军罐,为三级文物,应该是康熙中后期制瓷。高45厘米,口径12.3厘米,底径17厘米,腹围87厘米,盖径12.3厘米。罐盖上绘有花卉、蝴蝶等,长沿,顶有将军头盔帽檐之感,盖钮形制为珠宝钮。口沿处绘有竹、菊、双碟纹饰,疏松点缀,雅致新颖,恰到好处,并在肩部、底足,分别再绘饰两圈花卉纹饰点缀。器身中部绘饰仕女婴戏图,画面布局疏密有致、层次明晰。三位仕女、三位孩童,面部表情惟妙惟肖。以庭院、石栏杆、高大松柏树为背景。两仕女相并站立,右边仕女手捧书卷,侧目而视,左侧仕女低首俯视书卷,右手指教孩童状,似"课子图",前面孩童横抱一把雨伞,站立原地聆听,后面孩童右手托起一宝瓶,宝瓶内插三支戟,也驻足聆听状,再后面孩童弯腰捉住一只螃蟹。整个画面上部,三枝松柏枝,从两侧头顶上下压下来。再往右寻,右侧仕女捧一把芭蕉扇,侧目而视,左侧站立两孩童,前面孩童手捧一条桂枝,身后孩童左手抬起玩弄的拨浪鼓。画面中孩童手持物品中,螃蟹有"一甲高中"寓意;桂枝有"折桂加官"寓意,此典故出自《晋书·郤诜传》中,以折桂寓意"今日膝下小儿,明朝登科及第";瓶戟,即"平"通"瓶","级"通"戟",有平升三级,升官加爵的寓意;伞(傘)有"五子登科"寓意。周围衬以松柏、桂树、花草、洞石、芭蕉、栏杆等,充满了福寿绵长、多子多福、家族兴旺的吉祥寓意。底足有"康熙年制"四字楷书无框款。

清末民国,将军罐已成为民间家庭的陈设器物。有流行将将军罐的精品佳作,作为嫁妆瓷的,北方唐山启新瓷厂出品较多,被赞誉为"北方的景德镇";有流行将将军罐和笔筒瓷器搭配组合,演变成状元罐的配套,有文武双全的寓意,在民间与百姓生活息息相关。

清代何采书法条幅浅析

近日,偶遇友人,称家传一幅清代桐城派大家姚鼐的字,是奶奶上辈留下来的,珍藏数年,不知真伪。受约后,便前往欣赏。

书法为条幅行书,纸本,纵124厘米,横57厘米。上书"芾近收顾虎头金粟坐石存神像。李伯时见,欲倾囊易也。临以,有期道兄。"署款:何采。末钤篆书白文、朱文印两枚,右上钤白文印"何采印",右下朱文印"敬舆氏"。第二字已破,保存善好。并非朋友所说姚鼐书法。

图3-3

何采(1626—1700),清代安徽桐城(现安庆市枞阳大青山镇)人。字敬舆、乖厓,一字涤源,号醒斋、南涧,别号浮山人、太平山樵人、东田樵客、南涧渔翁、芦庄等。明崇祯间礼部尚书何如宠(《明史·列传》第一百三十六有传)的孙子。顺治己丑六年(1649年)进士,在《明清进士题名碑》上,名位排在2甲第15名。

其身世也就因此发生了变化,占籍江宁,成了南京人。所以,有的书上(《清代翰林传略》)说他是南京人。自刻有朱文小印"己丑身世"。当时何采约20岁,官右春坊中允,历官翰林院侍读,文章翰墨为一时之冠。顺治十二年(1655年),充会试同考官,任右春坊赞善,主管文史、咨政工作。

顺治年间因科场舞弊案频发,何采也于顺治十四年科场弊案受到牵连,次年被免职。从此隐居终身不仕,四十余年直至终老故里。曾拜会以遗民自居拒绝与清朝廷合作的著名思想家傅山,与以遗民自居的书画家、反清志士及复社成员等广为交游。

何采善诗文,著有《让村集》《南涧集》《南涧词选》等诗词集传世。并且工书,书学董其昌,轻柔处有气,潇洒自闲,挺秀中有骨,形质雅淡隽永,气宇淳古,如羽客飞仙,绝少人间烟火,逸韵淡荡。何采隐退山野,作品存世较少,现今有天津市艺术博物馆的《行书七绝诗》一轴,江西省景德镇博物馆的《行草七绝诗》一轴,故宫博物院的《行草书诗》扇面一帧,台湾何创时书法艺术基金会的《行书临阁帖》一幅,湖南省博物馆的仲长统《自叙志》行书横批一幅。据了解目前安徽省博物院、安庆市博物馆、桐城市博物馆、枞阳县文管所等文博单位,均无何采佳作收藏,此幅书法为近期新发现的何采行书,弥足珍贵。

何采所书内容为米颠(米芾)三札之一。米元章(米芾)遗札一束,刻石于南宋高宗绍兴辛酉(1141年)。其文涉及书画尤为奇闻珍异,晦涩难懂。米芾三札石刻文如下。

一札:"芾近收顾虎头金粟坐石存神像。李伯时见,欲倾囊易也。"

二札:"子方司勋老兄阁下:芾顿首启。腊雪,思阅古南合向火,团古物,赏不识。但怕向晚数杯三日病。辱教,何从得此语?必误也。恐是第二人及弟。朱绂笔,如命纳二枝;浓墨入之乃用。世无此。试与此中匠作之,乃右军自画真后笔样也。倾企日当面罄。"

三札:"蒋永仲作松赠昙秀,吾题云:'撑云既奇倔,怒节更坚瘦。'怒为露也。夏英公词中忆有之。字如此'丫'者,是否?希见教。专伫专伫!"

何采书写的是一札文,文中顾虎头即顾恺之,字长康,小字虎头,今江苏无锡人,乃晋代第一绘画大师也,向有"痴绝顾长康"之称,"才绝、画绝、痴绝",当时绘画享有极高的声誉,提出了传神论、以形守神、迁想妙得等观点,所画佛像传世极罕。顾恺之与"米颠"隔代相对。文中李伯时,安庆人士,即北宋丹青大师李公麟,字伯时,生于1049年(北宋皇祐元年),卒于1106年(崇宁五年)。享年五十七岁。祖籍安庆桐城,因居住郊外龙眠山,又自号龙眠居士或龙眠山人。据《挥麈录》和《安徽通志》记载:"李公麟在元祐年间中进士,授南康长垣尉和泗洲录事参军之职。后又历任后省删定官、御史检法、朝奉郎等职。"

由此,何采此条幅行书,可释义为:米芾近期购到顾虎头的金粟坐石存神像,李公麟见此"坐石"像,即欲尽其囊中所有而求购得之。文下为:临以,同期道兄。何采借此札文,激励同道友人,皆为书画境界或参悟之事。而米芾、顾恺之、李公麟,皆不同时代书画巨擘,何以能相遇?惟有书与画内在的气脉与博大精深的精髓,能穿越时空,而相遇共鸣。笔者疏浅,不知此札文是否还另有典故,或著录家、文献另有记载,不得而知。而二札所言是王右军"笔样",对笔墨的参悟;三札中蒋永仲也是得苏家《兰亭序》第三本的人,昙秀是出家的僧人,所言皆是书法绘画之事。

此幅书法,确为何采难得一见的珍品。字迹轻柔隽永,飘逸含骨,气韵生动,希望能为家乡博物馆收藏。

弥足珍贵的两件邓石如草书代表作品

安庆市博物馆(新馆)文物精品展,展出一副由望江县博物馆藏的邓石如七言草书对联,长163厘米、宽26.50厘米,为一级文物。

图3-4

上联:画帘花影听莺语;下联:明月箫声唤鹤骑。行草字体,落款"顽翁"。上联右上角盖有长方形印章"凤桥麟坂旧茅庐"小篆体朱文。款下盖有两枚方形印章,一方为"邓氏完白"白文铃印,下方为"邓石如字顽伯"白文铃印。此乃邓石如草书第二作品。

草书第一代表作,应该是《海为龙世界》的五言对联,是一幅书法界知晓最广的名帖佳作。上联:海为龙世界;下联:天是鹤家乡。因"天"字,为祝枝山草体,常有人误识为"云"。

图3-5 《海为龙世界》的五言对联

此联由魏廷荣(1890—1974)捐献,现藏于国家博物馆。书于公元1804年,两年后邓石如离开人世,为晚年杰作。此联有一段邓石如的轶事:嘉庆九年初夏,在邗上(扬州)旧寓僧舍,一个偶然的机会,邓石如遇见了灵隐寺见初禅师,两人一见如故,情投意合,往来数日,见禅师修行高洁,而且对书法颇感兴趣,见识非凡,有先辈智永禅师的遗风,就在相游结束之际,书写了这一副对联送给禅师,作为临别赠送的礼物。对联五言草书,以"龙""鹤"为中心,神形兼备,一种自然、超脱、妙趣的情感跃然于纸上,气势恢宏,蔚为壮观。此字体体味到山人的用笔,行草间参透篆隶笔意,古茂浑朴,遒丽淳质,使得对联笔趣声情并茂,古朴与遒丽、刚劲与柔润和谐统一,一改乾嘉年间帖学媚俗习气。

邓石如(1743—1805),安庆怀宁人,原名琰,字石如,又名顽伯,号完白山人,又号完白、古浣子、游笈道人、凤水渔长、龙山樵长等,为清代篆刻、书法大家,有人把他归为皖派,更多的人因为推崇他在篆刻史上杰出的贡献,而尊为

"邓派",誉其"四体为国朝第一"。

邓石如幼时,家境贫寒,地位低下,尝尽人间疾苦,曾说:"我少时未尝读书,艰危困苦,无所不尝,年十三四,心窃窃喜书,年二十,祖父携至寿州,便已能训蒙。今垂老矣,江湖游食,人不以识字人相待。"这样一介布衣,在少年读书不多的背景下,能够成长为一位杰出的篆刻、书法大家,全凭自己坚定不移的信念,以及坚持不懈、勤奋刻苦的努力。他十七岁后,就开始以刻章、写字养家糊口。三十岁后,通过友人介绍,先后认识了南京梅缪三兄弟等友人,遍观梅家珍藏的金石善本,起早贪黑,凡名碑名帖总要临摹百遍以上,勤奋刻苦,朝夕不辍,乐此不疲,为以后的篆刻艺术打下了扎实的基础。在鬻字为生的人生路上,遇到了梁巘,他是邓石如从普通的书匠转变为从事书法专业书家的提携者,对邓石如艺术转折有很大的影响。邓石如是脱离基础经典文化,专门习书者,不像传统的书法大家,要么是朝廷名臣官吏,要么是仕途不顺、不得志者,他们都有满腹经纶、学富五车、饱读诗书典籍的背景,就民间布衣书家艺术成就而言,很难逾越传统的这些书法大家。而邓石如另辟蹊径,是在无师自通的情况下,取法汉魏碑刻,潜心研究,独树一帜。

清代是中国书法史上一个重要的发展时期,被称为"书道中兴"的一代,分早、中、晚三个阶段,早期仍是帖学天下,中期碑学兴起,晚期则碑学盛行。邓石如的乾嘉年间,正值中期,也是书法史上一个巨变的时期,帖学日渐式微,碑学兴起,清初帖学一统天下的局面被改变。乾嘉时期,随着金石、考据学的蓬勃兴起,大量的金石碑版被发掘出土,不少人由考据进而学书,书法逐渐转向碑学。这一时期,最著名的有两个人,一是邓石如,他将四体书法互参并融,碑、帖兼采,被誉为"国朝第一";二是伊秉绶,他书法上隶书追秦汉,隶书成就突出。两人书名并重当世。

在篆刻上,皖派的开创者是何震,他师学文彭,又称"文何"派。何震的后继者另有徽州籍篆刻家程邃、巴慰祖、胡唐、汪关,合称"皖四家",而"皖派"另一个重要的代表则是清代篆刻家邓石如,他篆字摆脱了当时拘谨刻板习气,独具沉雄古朴美感,特别是小篆朱文印,在赵孟頫的基础上,独具风格,冲破了当时只取秦汉玺印的局限,使篆刻风貌大变,影响深远。"浙派"开创者是西泠丁敬,后继者有黄易、蒋仁、奚冈、陈豫钟、陈鹤寿、赵之琛、钱松等诸家,号称"西泠八家"。

正值皖、浙两派称霸印坛之时,邓石如不满足于前人印家所取得的成果,而以自己的篆刻和书法为基础,做到"书从印出,印从书出",打破了汉印中隶化篆刻的传统程式,首创在篆刻中采用小篆和碑额的文字,拓宽了篆刻取资范围,形成了自己的篆刻风格。邓派崛起于当时的印坛,可说与皖、浙两派形成鼎足之势。邓石如的篆刻、书法风格一直影响到同时期的包世臣、吴让之、赵之谦、吴咨、胡澍、徐三庚等人。在篆刻艺术发展史上,邓石如是清代一位杰出的大家。可惜他原石流传极少,存世有《完白山人篆刻偶成》《完白山人印谱》《邓石如印存》等。

邓石如的书法成就在篆隶上,行草书流传下来作品甚少,主要有长笺短札、对联、册页、卷轴等,按字体的大小分为三种,一是大字的行书,融合钟、王、李、徐、苏、米等大家书体而来;二是小行草书体,册页较多,皆受颜真卿、李邕、杨凝式、金农等人的影响;三是自己将魏碑的碑学笔法融入,意境古雅,结体拙朴,这是另辟蹊径。邓石如的楷、行、草作品中常参入篆、隶笔意,启于碑学,兼有帖学之韵。

就邓石如草书而言,流传较少。后代几位书法家这样评价,方朔《沈经堂文抄》:"邓石如行则钟、王、李、徐而下,亦染指苏、米。"包世臣《完白山人传》:"草书虽纵逸不入晋人,而笔致蕴藉,无五季以来俗气。""鲁斯(钱伯垌)故服山人篆分为绝业,及见其行草,叹曰:'此杨少师神境也。'"常州书家钱伯垌赞叹其善草书且有杨凝式的神韵。杨凝式(873—954),字景度,号虚白,唐末五代时期宰相、书法家,门下侍郎杨涉之子。杨凝式在书法历史上历来被视为承唐启宋的重要人物,"宋四家"(即苏轼、黄庭坚、米芾、蔡襄)都深受其影响。代表作品有《韭花帖》《卢鸿草堂十志图跋》《神仙起居法》。

赵之谦曰:"山人学书先从篆隶入,隶成通篆,篆成通之真。书由真通行,须从草假道,山人草不克见,行书亦未工。此是目力所限,然其成者无以加矣。"赵之谦认为山人不善草书之意。

向桑(1864—1928),清末民初书画家,字乐谷,号抱蜀子,湖南人,曰:"山人篆隶纯守汉人矩矱;楷书直逼北魏诸碑,不参唐人一笔;行草以篆分之法入之,一洗圆润之习,遂开有清一代碑学之宗。"

图3-6 《集贤律院》石刻

现今安徽省博物院珍藏邓石如书法杰作数量最多,全国其他各地博物馆、收藏机构都少有涉及,家乡安庆市博物馆收藏两件隶书作品和两方隶书碑刻,其流传的草书佳作,更是寥寥可数。

图3-7 邓石如七言对联

清桐城籍张敔、张乃轩写意花鸟赏析

张敔(1734—1803),字虎人,世代儒门张氏之后,因冒籍革职,便寄情笔墨,安徽、山东均有著录书评。其天资高迈,写意花鸟传神,不显筋露骨,善诗、工书、画印,有"三绝"之誉。清《国朝耆献类征初编》收录其两则轶事,尽显为人刚直不阿、疏放不羁的率真个性。子乃轩,承继父业,工书善画,有"父子画家"之称。对其父子存世画作赏析,具有较高的学术研究价值。

一、安徽、山东有关著录

原安徽省博物馆编著《安徽画家汇编》，收录历代安徽籍画家，其人籍贯生平、传记轶事、名字别号、轩斋馆阁、画科风格，均为汇编内容，以便后人研究、考证。有关张敔，著录如下。

张敔（1734—1803），字虎人，号虎痴、雪鸿，又字茝园、芷园、芷沉，晚号止止道人、二十四仙曹、橄榄轩（安博藏墨蕉轴，书款"南泉张敔"，有"春生""铁桥""木者""字敬之"印）。桐城县人，迁江宁，占籍历城，清雍正十二年生，乾隆壬午年（二十七年）举人，嘉庆八年卒，年六十九。所画无不妙，其笔墨纵逸，惜显筋露骨，未脱金陵派习气，写真尤传神，工书能诗，有三绝之誉，往往不携图章，画竟率笔作印，亦精妙。《履园学画》云："中山东商籍举人，官湖北竹山县，以冒籍去官，遂遍游海内，能左右手书画尤奇。"

原安庆市博物馆程绍颐著《安庆历代名人》，收录安庆历代名人 2966 人，对其摘录：张敔（1734—1803）字虎人，一字敬之，号虎痴、雪鸿，又字茝园、芷园、芷沉，晚号止止道人、二十四仙曹、橄榄轩、春生、铁桥、木者。桐城人。父若谷官山东，故张敔于乾隆二十七年（1762 年）在山东参加乡试中举，官湖北竹山县。旋以冒籍去官，遂遍游海内。张敔能左右手作画，其画笔墨纵横，韵致萧然，横涂竖抹，生气勃勃，墨色浓淡，各极其趣，写真尤神妙；亦工书能诗，有"三绝"之誉。张敔往往不携图章，画竟率笔作印，亦精妙。张敔兄弟张敉、张敩并有才名，敉以书，敩以文，敔以画，亦称"三绝"。安徽省博物馆藏有张敔《墨蕉》轴。简介见《安徽画家汇编》《桐城文化志·文化名人简介》。参考《墨香居识画》《墨林今话》《红豆书馆书画记》《中国画学全史》《历代书画篆刻家字号索引》等书。

《山东书画家汇编》（清·民国·当代部分）也录入张敔：张敔（1734—1803），字虎子，一作虎人，号雪鸿、芷园、木者等，晚号止止道人，清代人，先世安徽桐城人，迁江宁（今南京），籍历城，乾隆二十七年（1762 年）举人，官湖北房县令。

张敔天资高迈，为人疏放不羁。能书、工诗、善画。作山水、人物、花卉、禽虫，白描设色，无不工妙。随意挥洒，笔墨纵逸，韵致萧然。其写真尤为神肖。往往不携图章，率笔作印，精古可喜。书法真、草、篆、隶均佳。至若以左手或竹箸、指头书、画，无不造极。传世作品有《花卉》（册）、《墨蕉图》（轴）等。其书画，山东省博物馆有收藏。

二、清《国朝耆献类征初编》两则张敔轶事

有关张敔传记及画迹流传,被著录在清代李垣编撰的《国朝耆献类征初编》上,有两篇小传,熊宝泰撰写的一则文:

雪鸿以房县知县守江夏,上下安之。三阅月,忽不见督抚者,三日。使人觇之,铺纸作画。觇者曰:当言子病甚,以不告休沐,故诿之君仆人。则右署怒可解,君不可。督抚皆怒,饬归房,君意甚适。

君高祖潜山进士,君曾祖怀宁进士,君仲兄历城进士。君亦以历城举人,疏通例发湖北者,卒以改籍罢官。房民走千余里恳留,故无民留例。亦有破例入告者,卒以前事不省。时君尊甫年八十矣,君仲兄斁已殁,归舆伯兄笠民敉养。亲有愿,为君入资复官者,笑却之。

少年在历城尝为人画屏。伯作书,仲作文,人呼为"三绝屏"。君画负重名,京师吴门及承恩寺廊下伪画充斥,余在云南昆明亦见之,竟有得厚值去者。或问:"君恨否?"君曰:"使孙叔敖在,见优孟,亦当笑,且黎邱鬼但能效人子侄昆弟,邑丈人貌不能得,况神气哉!必有能辨之者,何恨?为坐人于镫下,久视之,捏纸着己手背上照影,绝似其人,人以为神技。"余亲见之。

余尝向雪鸿言生平作诗,脱稿即不记忆,数年后持来者,直谓他人作矣。君曰:吾作画亦然。

袁香亭持一幅画石来,满纸皆石,以为古人作。"纸甚新,今人则吾所不能为者,何处得此好手?"猜疑间,香亭笑曰:"前月君醉后不以笔,以指继以拳,为之者。画毕,歌一曲,声振梁木,君遂忘耶?"

最不喜人祝寿,祝则骂。君生于二月,嘉庆癸亥七十,初度日,忽张宴召客,闰月复召客饮,欢甚。君姿貌丰伟,善饮啖。数日后病,医者误投补药,遂不起。君名敔,字虎人。

右小传熊宝泰撰

第二则汪魁儒撰文:

张敔,字虎人,历城举人,书画名满海内。乾隆三十九年知房县。房号忠孝名邦,盖以西有黄香祠,东有尹公墓也。公每辩之,以为吉甫虽有文武之才,而惑于后妻,逐杀伯奇父子,如此君臣可知,人皆服其特见。四十四年邑大饥,流民相聚行劫,公严惩之而赈其贫苦者,民赖以安。

右记汪魁儒撰

熊宝泰文传录张敔轶事,不徇权贵,最终自己安心回房县,得到内心世界安宁,淡泊名利,并用孙叔敖见孟优、邱黎鬼效人典故,明人生志向和书画艺术的真知灼见,对市面上伪仿自己的画作,不屑一顾,真的画作其内写意神韵、精髓,是无法复制的。饮酒作画,不拘小节,酒后忘记自己的画作,表达率真耿直的性格,也显露出自己人生苦楚一面。汪魁儒文记张敔饥灾严惩聚众行劫流民,以保民安一事。

张敔乃桐城名门张氏之后,世代儒门,因冒籍事件,断送了仕途,是何等悲伤与苦闷。在清朝科举时代,科举考试,是最底层学子的夙愿,是通往上层社会的唯一途径。冒籍事件,不仅牵涉张敔,也涉及哥哥。"敉与弟敔、敩遂冒籍历城乡试中举人,任江西萍乡知县,乾隆四十四年(1779年)因冒籍被革职",一并受到牵连,对整个家庭打击非常大。

三、张敔写意花鸟风格

张敔能书、工诗、善画山水、人物、花卉、禽虫,白描设色,无不工妙,随意挥洒,笔气豪纵。惜显筋露骨,未脱金陵派习气。其写真尤神肖,兴到即写,往往不携图章,竟率笔作印,亦精妙。兼擅四体及飞白书。至若以左手或竹箸、指头书、画,无不造极。书法真草隶篆均佳。传世作品有《花卉》(册),现藏首都博物馆;《墨蕉图》(轴),书款"南泉张敔",藏安徽省博物馆;另有乾隆五十七年作《墨梅图》(轴),著录于《知鱼堂书画录》。1929年文明书局出版《张雪鸿花卉册》影印本。

有关张敔画风,两地的书录也做了一致的阐述:画构图巧妙,布局合理、协调,笔墨飘逸;惜显筋露骨,未脱金陵派习气;写真尤神肖,兴到即写,精妙,有诗、书、画"三绝"之誉;其画作的画境、书境、诗境、印境,无不与自己的心境相印,是自己内心世界的真实写照与流露,借画述自己人生理想、志向,排遣自己人生不得志的郁闷,通过绘画表情达意与人生精神追求。

在清代的画坛,文人画占据显赫地位。水墨写意画法盛行,众多文人画家追求笔墨情趣,在追求构图布局、意境营造、用墨设色技法上下功夫,在艺术形式上翻新出奇,并涌现出诸多不同风格的流派。

张敔的画笔墨清丽,萧疏淡雅,墨色很讲究,用墨则湿、干、淡、浓兼有,设色沉稳,一丝不苟,具有"金陵画派"之风貌。用笔严谨深沉,精密劲挺,刚柔兼蓄,优雅秀整,画风娟秀妍丽,清隽高雅。笔法灵活多样,构图新奇,意境深邃,体现出较高禀赋和艺术造诣。风貌较为细致,勾线细润,皴擦极少,笔墨精练。明末清初,以金陵地区的"金陵八家",即龚贤、樊圻、吴宏、邹喆、谢荪、叶欣、高岑、胡慥八人,其中以龚贤画艺最高,形成影响深远的"金陵画派"。张敔也是此画派承继发扬的后期传人,风格细腻传神,深得时人追捧。

写意画肇始唐,因王维诗、画俱佳,故后人称他的画为"画中有诗,诗中有画",他"一变勾斫之法",创造了"水墨淡,笔意清润"的破墨山水,用简练的笔法描绘景物。写意画多画在生宣上,纵笔挥洒,墨彩飞扬,较工笔画更能体现所描绘景物的神韵,也更能直接地抒发作者的感情,用中锋、侧锋、逆锋来表达。宋代文同兴"四君子"画风,明代林良开"院体"写意之新格,明代沈周善用浓墨浅色,陈白阳重写实的水墨淡彩,徐青藤更是奇肆狂放求生韵。经过明清长期的艺术实践,写意画风已进入全盛时期。经八大山人、石涛、李鳝、吴昌硕、齐白石、张大千、潘天寿、汪亚尘的弟子汪德祖、李苦禅、朱宣咸、李可染、范曾等发扬光大,如今写意画已成影响最大、流传最广的画法。写意画是中国传统绘画长期艺术实践、探索中形成的,文人参与绘画,对写意画的形成和发展起了非常重要的作用。

写意画主张神似,用意第一,故绘画的内涵更加注重文以载道,遗神写神,其形式上更加讲究个性的笔情墨趣,诗、书、画、印的配合,整体透露的艺术美感,已经超越单纯的绘画美。

在张敔轶事第一则里,张敔也表达出写意的主张与追求,对市场模仿他的画作,高价出售,不屑一顾。他认为自己的画作,用意传神的深度笔力,倾注了个人学养、性格、环境、人生阅历等各种因素,是画家个性在艺术创作上的彰显,是任何人都无法复制与模仿的,并用灯下捏纸着己手背上照影做比喻,神气才是真正艺术的魅力与魔力。"况神气哉!必有能辨之者,何恨?"

张敔工山水、人物、花鸟,而以花鸟成就最高,同张赐宁、诸昇等为乾嘉时写意花鸟画坛盟主,张敔好作大幅阔笔花卉,且以水墨为主,鲜有设色者,往往纵笔横斜,水墨淋漓。桐城博物馆收藏其画多且精,故宫博物院、河北省博物馆、上海博物馆皆有收藏。

四、张敔花鸟画作赏析

安庆市迎江寺藏有一幅清张敔扇面画。画面上有一对燕子、柳枝,扇面左下角落款:丙午夏□月处,□张敔。白文印磨损,字迹辨认不详。扇面右下角方章白文印款:杏村寓目。

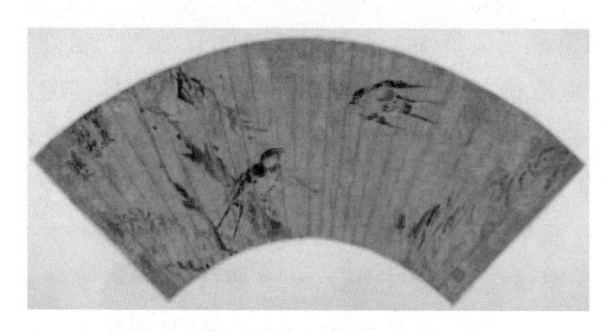

图3-8　清张敔扇面画

桐城市博物馆藏条幅。画面为野外一对鸳鸯。书"雪鸿居士敔"款,落白文"敔印"印款。

桐城市博物馆藏花卉条幅。为菊花图。落款:"己未冬仲莅园居士敔"。落白文"敔印""虎人"印款。此幅画作精致,构图布局巧妙,用笔细腻,墨色层次分明,乃难得一见的精品佳作。

桐城市博物馆藏花卉条幅,牡丹图。书款"做白阳山人画法""雪鸿敔",落白文"张敔之印",朱文"芷沅"款。"做"是"仿"的异体字。此画构图精美,花瓣、枝叶写意传神,韵味生动,描摹细致,墨色层次感清晰,精品力作。

画中题款所说"白阳山人",为明代画家陈道复。初名淳,字道复,后以字行,改字复甫,号白阳山人,汉族,长洲(今江苏省吴县)人,诸生。尝从文徵明学书画,工花卉,亦画山水,书工行草,画擅写意花卉,淡墨浅色,风格疏爽,后人将其与徐渭并称为青藤、白阳,有《白阳集》。

图3-9　桐城市博物馆藏条幅　　　图3-10　菊花条幅　　　图3-11　牡丹条幅

桐城市博物馆藏花鸟条幅。为栖息桂枝的双鸟图。题诗"不借玉斧媒,飞向蟾蜍窟。枝上好双栖,秋香散金栗。"落白文"流水今日""虎人"印款。

这款印在张敔传世的画中,比较少见。个人按照字形猜意,白文款为"流水今日"。语出唐司空图的二十四诗品《洗炼》:

犹矿出金,如铅出银,超心炼冶,绝爱缁磷。

空潭泻春,古镜照神,体素储洁,乘月反真。

载瞻星辰,载歌幽人,流水今日,明月前身。

用"流水今日,明月前身"给自己写照。画境只不过表现自己的人生不得志的心境而已,而身境只不过是眼下转眼即逝的花卉画境而已。此幅花鸟条幅,乃张敔画、诗、印俱佳的传世之作。

桐城市博物馆馆藏梅花喜鹊条幅图。

右上题款诗句"微雪初消月半池,篱边花丛两三枝。清香传得天心在,未许寻常草木知。""方正学句。"画落款,白文印"张敔",朱文印"一字敔止"。

图3-12　栖息桂枝的双鸟图　　　　图3-13　喜鹊条幅图

此诗出自明代方孝孺的《画梅》诗,原文:"微雪初消月半池,篱边遥见两三枝。清香传得天心在,未话寻常草木知。"方孝孺(1357—1402),宁海人,明朝大臣、学者、文学家、散文家、思想家,字希直,一字希古,号逊志,曾以"逊志"名其书斋,因其故里旧属缑城里,故称"缑城先生"。又因在汉中府任教授时,蜀献王赐名其读书处为"正学",亦称"正学先生",后因拒绝为发动"靖难之役"的燕王朱棣草拟即位诏书,牵连其亲友学生870余人全部遇害,成为中国历史上唯一一个被"诛十族"的人。福王时追谥"文正"。

文字狱贯穿整个清代250年左右,顶峰时期自顺治开始,中经康熙、雍正、乾隆四朝,历时140余年。少数民族掌权的清朝,对汉人控制极严。文人学士在文字中稍露不满,或皇帝疑惑文字中有讥讪清朝的内容,即兴大狱,常常广事株连。清代的文字狱保守估计200余起,除了极少数事出有因外,绝大多数是捕风捉影,纯属冤杀。由于清朝的文字狱压制,汉族士人小心翼翼,最典型的桐城文派戴名世,60岁因《南山集》被处死。清代统治者为镇压知识分子和汉人的反抗,从其作品中摘取字句,罗织罪名,构成冤狱。

张敔将原诗句"遥见"改成"花丛",更加接近自身的处境。此画题诗,隐晦之意,以抒人生志向,直指清廷,针砭时弊,乃桐城张氏儒门后人读书处世之大忌。此画想必只留自己孤灯空壁之下赏读,只传子或最亲近之人,不敢显示外人,否则会招致满门抄斩的杀身灭族之大祸。

五、其子张乃轩花鸟画赏析

《安徽画家汇编》对张乃轩也有记载:张乃轩,号虎儿,虎儿居士,清嘉庆九年副榜,安博藏乃轩行书诗扇,书年己亥(道光十九年),有"丁亥"二字印,是生于乾隆三十二年,桐城县人,占籍江宁,敔子,工花鸟兰竹,尤工墨荷,擅长诗及书法,安博藏《墨荷》轴,书年丙子(嘉庆二十一年),又设色花鸟屏,有"隘唐居士"印,又"瑕禹"二字印。参考《清画家诗史》。

《安庆历代名人》也载:张乃轩字寿名,号虎儿,又号隘唐居士。桐城人,占籍江宁。张敔子。嘉庆九年(1804年)副贡。工诗及书法,尤工绘事。《读画辑略》评云:"画得其父之传,多用水墨作花鸟,或工或率,悉以苍健胜人……间作兰竹,亦有风韵。"世称"清代父子画家"。安徽省博物馆藏有乃轩《墨荷》轴,书年丙子(嘉庆二十一年);还藏有他的行书诗扇,书年丁亥(道光十九年)。简介见《安徽画家汇编》《桐城县文物志》。

今人常将张乃轩与张迺耆混淆。张迺耆是张敔侄子,与张乃轩堂兄辈分,《安徽画家汇编》也有记载:画见自嘉庆十一年至道光十六年,桐城县人,占籍江宁,敔从子,工花鸟。张迺耆,字寿民,号白眉、白门,安徽桐城人,寓居江苏南京,生卒年不详。多用水墨作花鸟,或工或率,运笔苍劲豪纵,设色沉着妍丽。喜画巨松,间作兰竹亦有风韵。尝与陈沂等90余人于南京结"金陵画社"

称咏于时。张乃轩与张迺耆,为两人也,不赘述。

张乃轩所作《墨荷》及设色花鸟屏,名重一时。行书诗扇藏安徽省博物馆,《梅、荷、桂、竹》四季画屏藏桐城县博物馆。

张乃轩绢本水墨四季花卉四屏。

(1)题"看寿春晖",雀梅图。落款:道光己未三月,虎儿居士轩写。印文白文:踩轩和印;兰孙,兰为白文,孙为朱文。"踩轩和印"这款印章少见。

(2)题:千秋论定花君子,风味尤宜近墨池。墨荷图。款:虎儿居士轩。印白文:张迺轩印;朱文:虎儿。

(3)题:虎儿居士轩仿宋院本。桂花八哥图。印朱文:张、虎儿。

(4)题:贯四时而不改柯易叶,君于以之。东甫大兄世长先生清玩。落款:虎儿居士张迺轩,其中"乃"字,引用了异体字"迺"。轩字,书写也比较特别。为墨竹图。此句出自西汉的戴圣《礼记·礼器》:"其在人也,如竹箭之有筠也,如松柏之有心也;二者居天下之大端矣,故贯四时而不改柯易叶。"便有成语:改柯易叶。印:兰孙,兰为白文,孙为朱文。印白文:张迺轩印。

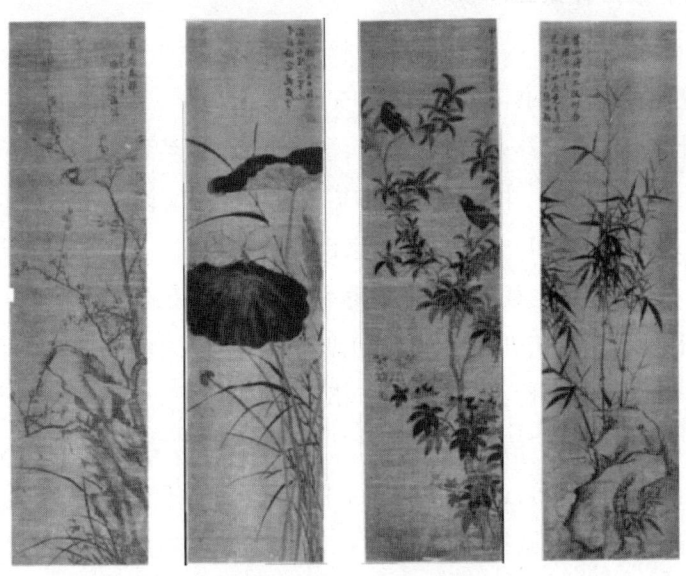

图3-14 张乃轩绢本水墨四季花卉四屏

此花卉四条屏,绢本绫裱,宽33厘米。为1966年捐赠桐城文化馆后转桐城博物馆藏。

2001年11月,清张敔画作精品被国家文物局列入193位禁止出境的画家人员行列,艺术价值之高,已列入优秀的传统书画作品之列。

纵观张敬跌宕坎坷一生，因冒籍仕途挫折，激发其内心潜质，发愤挥毫泼墨，寄情写意书画，脱颖而出，卓荦超伦。工山水、人物、花鸟，其以花鸟成就最高，同张赐宁、诸升等，为乾嘉时写意花鸟画坛盟主，诗书画印，相得益彰，形成自己独特风格，为后来者所不及。张乃轩虽承父业，但不及张敬的艺术高度。

安庆万寿宫考辨

万寿宫起源，是为纪念江西的地方保护神"福主"许真君而建，为道教布教场所。安庆宋初就有潜山真源万寿宫一说。随着南宋嘉定安庆筑城移治，在景定坊重建万寿宫。康熙二十四年，巡抚薛柱斗于万寿宫大门内建御碑亭，方志记载有13座御碑。此宫延续至民国止，改建为劝业场。御碑亭是现代重建。2011年重修江西会馆时，发现同治时安徽按察使署布政使吴坤修重建万寿宫碑刻，此碑刻存疑之处，需厘清史实，释疑解惑，以飨方家。

一、万寿宫由来

习惯一般将祭祀神灵的场所统称为"庙"。佛教的庙宇，统称为"寺院"。道教的庙宇，统称为"宫观"。和尚们居住的地方叫寺、院、庵、堂。道士们居住的地方叫宫、观、庙。宫原指有套间的房子，后来发展为指多间建筑组成的建筑群，最后专指皇帝的居室。后来宫也可指为寺庙，后专指道教的庙宇，如北京的蟠桃宫、万寿宫、文昌宫等。

万寿宫，或称旌阳祠，数以千计，遍布全国各地城乡，乃至东南亚，亦是我国古代会馆文化的代表，故亦称江西会馆、江西庙、江西同乡会馆、豫章会馆等。在古代，有江西人聚住的地方，就有万寿宫。明清时期，江西经济发达，经营瓷器、茶叶、大米、木材和丝绸的赣籍商人行走全国，并在全国各地方都修建了万寿宫，万寿宫也成为外地江西同乡的"江西会馆"。

万寿宫起源，为纪念江西的地方保护神，俗称"福主"许真君而建。许真君，原名许逊，字敬之。东汉末，其父许萧从中原避乱来南昌。三国吴赤乌二年（239年），许逊生于南昌县长定乡益塘坡。他5岁入学，天资聪颖，10岁知晓经书，后立志为学，精通百家，尤好道家修炼之术。真君29岁出外云游，曾拜吴猛为师，得其秘诀。后又与当时的大文人郭璞结交，遍访名山福地，觅修真炼丹之所。晋武帝太康年间，真君42岁，被迫去乡就官，任蜀郡旌阳县令。

他居官清廉,政声极佳,深受百姓爱戴。晋武帝死后,政局不稳,惠帝昏愚,贾后独擅朝政,引起八王之乱。任旌阳县令10年之久的许逊,毅然弃官东归。东归后,又与吴猛同往丹阳(今安徽当涂县),向谌母学道。此后,云游江南许多地方,为民除害、根治水患。据传说,他在136岁去世时,一家42口"拔宅飞升",得道升天去了。

许逊去世后,当地乡邻和族人在其故居立起了"许仙祠",以纪念他为官清廉、造福一方,以此祈福庇佑百姓。南北朝时改名"游帷观",宋真宗赐名并亲笔题"玉隆万寿宫"。历经朝代更迭,宫中香火不断。

二、宋初"真源万寿宫"碑文

安庆禅宗之地,唐宋时期宗教文化盛行,方志记载寺观庙宇就达55座。明清之际,安庆多民族文化交融,宗教更加昌盛。

在安庆潜山传有白鹤道人在白鹿岗上建起白鹤观,宋徽宗赐名"真源万寿宫",并流传白鹤与白龙之斗的佛道神奇传说。《康熙安庆府志》中载宋徐闳中《真源万寿宫碑记》,原文如下:

真源万寿宫碑记

宋徐闳中

臣尝闻《礼经》曰:有天下者,祭百神,凡名山大川,能出云为风雨,皆谓之神,祀典记之。厥有常享,况天地钟灵气,而为真圣之所居,社稷蒙休斯民仰,庇则崇祀之,礼可不度越,常典而致,其重哉。龙舒直州治之,万山环列,绵亘二百余里,以属于霍。巍峰叠嶂,峻峭东立,凌厉霄汉之上,是为天柱一峰,巍然隐于天柱之前,其泉温厚,其地郁茂幽岩,邃谷穷益深,如高人节士蓄德,纯粹韬光晦迹,而优游于山林之下北,潜山所以为潜者也。臣尝以前史考之,西汉武帝巡南郡,登礼之天柱山,号曰:南岳。至宣帝修武帝故事,岳渎之祀,皆有当礼而祀。南岳潜山于潜益,天柱为潜之别峰,而潜为吴楚之望,故群峰异名总谓之。潜为道经云,司命洞府在潜山。唐阳璹曰:司命天宫也。总真仙之俦,载生灵修短五岳六曹,悉皆取则犹,地宫之职,天下之版图。唐明皇帝尝梦与之接,于是发内库缯帛,遣使入山,创立庙貌,求就其址,弗协于卜祷之,累旬,乃有白鹿,见于高冈,即其地建焉。我朝自艺祖受命,圣君祚太宗皇帝,以神功霁烈,囊括宇内,天心眷顾,有开必先,乃发德音,焕新祠宇,命以仙观名之,真宗皇帝妙道,配天洪灵来□,粹谷于密迹。宣皇绪之绵延,于是正其岳称,追岩祖,道亲挥奎画昭,贲宸居逮,我神考克,遵常宪,易新冠冕寅奉有格,真诚精浸灵贶,潜符盖未可以概举也。主上躬神明之资,乘熙洽之运,储思穆精,怡神昭旷,索琳赤水,访道崆峒,盖将踵义皇之高,躅参乔松之逸,驾返淳风邃古,□元化于方来,且蒙景祚者不可以无报,奉真游者不可以不严。粤政和七载,肆放明昭,以真源万寿宫,名其宫,以庆基名,殿揆日庀徒,载加营饰,于是工以心竞,民以悦来役,不逾时,而琳宫一新矣。其经费皆出于官,为钱三千万,合新旧屋三千六百余间。广殿鼎峙,修庙翼张,飞楼复阁,延衰无际,俨应门之八袭,陋璇台之五层。真圣中居,列仙环侍,珠贝犀象陈供,交错祥烟,凝飔驭之,至虚欷发,钧天之奏,灵山挺秀,嘉木冬荣信乎?真仙之宅也,虽然窃以谓:人见祠宇之壮丽,而未见严奉之,因未知圣神之虑,夫太上之道,微妙圆通,而缮性于俗者去,道为愈远,故以发明其道,以示天下,使一世而得淡漠焉,故严其礼,所以崇其道,所以化天下,此天三之用心也。先是,太平兴国中,灵仙观既成,翰林学士贾黄巾为之记。今尊崇之礼,视昔有加,而易以新号未有记。马臣于是宫尝被诏,总其事且以为诏丐,御书舆三朝所赐,共藏于阁,以镇福地。既赐可并,敕臣文而书之,臣愚昧寡闻,学不知道位卑,迹外承命,恐逊避庙遑,乃述所闻为之记。故前叙夫严奉之,因而终叙天,睿主立教明道,以化天下之意,仲后世考焉,谨拜手稽,首而为之尊,惟兹五岳作镇中土,潜居其南为岳之,附势凌穹,旻根绝坤。维爰开洞府,有神居之,曰神维何玉清分职,实为我皇祖绪所出,庆流有衍神,圣受命亿兆皈仁,方隅大定。清都敷佑感应,潜通龙驾,帝服来临,法宫申锡无疆,景命有仆,既答洪厘,以介景福,爰正徽号,载饰真祠。宸翰昭贲冕服,是宜世道交兴,真人嗣厝垂衣,岩廊化行绝域。皇道炳焕,帝载缉熙,啬神恬淡,观妙希夷,乃眷琳宫,肇基维旧。我其新之式,崇丕捂庀徒,虔事百职,骏奔虞衡,饰材般梓挥斤役,不淹时大功克就,岩壑生辉,楼观延衮瑶池,焕悉化成匪遥,蓬壶方丈崛起。云龙煌煌,列仙垂绅,委佩中拱,上云肃雍,环侍累圣,同道旧物,维新百神受职,以莫不宁。真源长庆基,其图于万斯年,受天之枯,维虽贵饰,匪曰弥文,崇礼明道,启迪群心,譬彼宵人,宾行冈适迷,其东西示之。斗极淳风,大煽元化,南流俗同,太古端拱,优游维天,高明维地,博厚圣德,作配同箕长久。

（文中□为漫失、辨析不清字。《民国潜山县志》与《康熙安庆府志》所载"真源万寿宫"内容中部分文字出入较大,以《康熙安庆府志》碑文记载内容为主。此碑现今不详。）

三、景定坊万寿宫及御碑亭

安庆万寿宫，《民国怀宁县志》这样记载：

> 万寿宫，在巡按署西，旧为演武场。康熙十六年，巡抚徐国相改建，供奉龙亭，朝会或于此习仪拜贺，其制有大门，有仪门，有朝房，有大殿，有后堂。二十四年，巡抚薛柱斗于大门内建御碑亭，后屡有增葺。今仪门内，东西朝房各五楹，仪门外，朝房东五楹，西八楹。民国改为烈士祠，旋废。今改功业场，御碑亭恭勒清御碑十三座。

1.康熙二十三年冬十月，圣驾东巡，渡黄河历京口至苏州，十一月朔，幸江宁，初四日回銮，文武大小臣，工绅衿民，人数十万，皆跪送于七里洲，过下问谕，督臣王新命抚臣汤斌薛柱斗等，曰：朕闻江南财赋之地，今观民风土俗，通衢市镇，似觉充盈，至于乡村之饶，民情之朴，不及北方，皆因粉饰奢华而致，尔等身为大小有司，当洁己爱民，奉公守法，激浊扬清，体恤民隐，务令敦本尚质，家给人足，以副朕老安少怀之至意，钦此。臣新命斌臣柱斗等，回奏云：皇上洞悉民隐，即尧仁如天，舜德广运，亦不是过。臣等自当钦遵，仰副谆谆至意，仍于江宁、苏州、安庆三处，立石以垂永久。二十四年亭建。

2.康熙四十二年二月，御笔赐安徽喻成龙督抚箴：芒芒方域，分理需人。岳牧之选，实维重臣。寄以封疆，千里而远。地则星罗，令犹风偃。控摄文武，统驭官司。纠违绳慢，宣德布慈。廉善是推，贪黩毋宥。小眚是矜，吞舟毋漏。彼昏而黑，日削月朘。或市徇纵，以恣挢虔。泽不下殚，民隐罔恤。政乃不和，为时蟊贼。曾是源浊，而流则清。曾是衮正，而景则倾。职汝之由，是曰旷坠。轸我元元，保厘奚赖。天命天讨，我不敢私勖哉。有位敬听箴辞。

3.御笔赐安徽抚臣喻成龙诗：沧池滞沆帝城边，殊胜昆明鑿汉年；夹岸旌旗疏辇道，中流箫鼓振楼船；云峰四起迎宸幄，水树千重入御筵；燕乐已深鱼藻咏，承恩更欲奏甘露。

4.御笔赐安徽抚臣喻成龙中冷泉诗：静欲中冷水，清寒味日新；顿令超象外，爽豁有天真。

5.御笔赐安徽抚臣喻成龙四十一年除夕书怀诗：平生宵旰志，七七又将过；忘寝愁旸雨，精心勉大和；送寒辞故岁，待暑问民疴；莫论新春媚，预怜五噫歌。

6.御笔赐安徽抚臣喻成龙"庆余堂"三字。

7. 御笔赐安徽抚臣喻成龙"督司百僚"四字。

8. 乾隆二十七年春御笔赐安徽抚臣托庸诗：连疆来接驾，咨政引同舟；共济义应译，动宣业可修；老看身益壮，入宝食无浮；虹宿被灾地，钦哉善恤问。

9. 乾隆三十年春御笔赐安徽抚臣托庸诗：又下大江来，舟行许扈陪；我因咨众隐，远以访众材；节操古松似，柏神秋水哉；恐访误程吏，数日便教过。

10. 乾隆四十年御笔赐安徽抚臣闵鹗元来观即命回任诗以示志：观细成忘巨，简行要敬居；在权轻重际，莫负命提初；河决下流虑，民艰深切予；速还理赈务，岂必扈銮农。

11. 乾隆四十年御笔赐安徽抚臣富躬诗：分巡历十年，擢抚自承宣；无碍冯唐老，应思黄霸宝；鲜民慎于后，疏狱戒其前；速返动诸政，休因扈跸延。

12. 乾隆五十一年三月初八日奏上谕，据书麟奏太湖县唐家山地方乡民掘吃蕨根，见土内杂有黑米，墨粉搀和好米煮食，颇可充饥，民人闻风踵至刨吃。等语此项，吃出黑米，或是从前窖藏之物，但唐家山并无人民居住，或竟是天地生出，以济饥民口食，亦未可定该处。既有此自然之利，为数较多，恐远近居民闻风刨吃，以致攘夺纷争，亦所不免。现在虽有，该县往彼弹压，勿令滋生事端，并查明该处。民人刨吃时，有无争辩滋事之处，据实复奏。钦此。又于奏报，两水折内同日奉到。朱批：览奏，俱悉，汝所奏窖米事成诗一章，汝与属吏皆应知此意，实心爱民。钦此。

13. 御制安徽巡抚书麟奏呈乡民吃蕨得米诗以志事：草根与树皮，穷民御灾计。敢信赈恤周，遂乃无其事。兹接安抚奏，灾黎荷天赐。吃蕨聊糊口，得米出不意。磨米搀以粟，煮食充饥致。得千余石多，而非村居地。县令分给民，不无少接济。并呈其米样，煮食亲尝试。嗟我民食兹，我食先堕泪。乾坤德好生，既感既滋愧。感愧之不胜，遑忍称为瑞。邮寄诸皇子，令皆知此味。孙曾元共识，爱民悉予志。今仅存第一碑，余皆不知，所在亭为祁耿寰任警察总厅时拆去。近改菜市。

此方志完整记录下十三座御碑的碑刻内容。民国安庆程晓苏先生《安庆旧影》一书，也记载了"万寿宫"：宋初曾建于潜山山谷寺左，徐闿中有记；嘉定时安庆筑城移治，乃仿其式建于景定坊，明成化丁酉（1477 年）重修，清康熙时巡抚张朝珍、李犹龙，乾隆时县令王鸣先后修葺，已久废，此宫在旧臬署之西，其先演武场也。康熙十六年（1677 年），巡抚徐国相改建，供奉龙亭，朝会或习仪拜贺,仪门内东西朝房各五楹,仪门外朝房东五楹西八楹,后有大殿,有后堂。二十四年(1685年)薛柱斗于大门内建御碑亭,先后共勒御碑十三座。

1.康熙二十三年(1684年),谕督臣王新命抚臣汤斌、薛柱斗洁己爱民务令家给人足碑。

2.康熙四十二年(1703年),御笔赐安徽抚臣喻成龙督抚箴碑。

3.御笔赐喻成龙诗碑。

4.御笔赐喻成龙中冷泉诗碑。

5.赐喻成龙四十一年除夕书怀诗碑。

6.赐喻成龙"庆余堂"三字。

7.赐喻成龙"督司百僚"四字。

8.乾隆二十七年(1762年)御笔赐安徽抚臣托庸诗。

9.三十年(1765年)赐托庸诗。

10.四十一年(1776年)赐抚臣闵鹗元诗。

11.四十七年(1782年)赐抚臣富躬诗。

12.五十一年(1786年)谕太湖县唐家山乡民,因灾荒挖蕨得米,勿令攘夺。

13.挖蕨得米赐抚臣书麟诗,观其碑文,大都康熙、乾隆两帝南巡时之作,何足以昭示采兹。

十二、十三两碑,皆侈张挖蕨得米以为天赐,录其诗以博一哂。诗云:"草根与树皮,穷民御灾计。敢信赈恤周,遂乃无其事。兹接安抚奏,灾黎荷天赐。挖蕨聊糊口,得米出不意。磨米搀以粟,煮食充饥致。得千余石多,而非村居地。县令分给民,不无少接济。并呈其米样,煮食亲尝试。嗟我民食兹,我食先堕泪。乾坤德好生,既感且滋愧,感愧之不胜,逭忍称为瑞,邮寄诸皇子,令皆知此味,孙曾元共识,爱民悉予忘。"御碑亭于民国元年(1912年),省会警察厅将其改建为菜市。仅存者第一碑而已。万寿宫改为烈士祠,当时撰一联云:宫殿依然,不敬生王拜死士;匹夫有责,莫教地下笑人间。二年(1913年),烈士祠移设东门外英公祠,丁大门内外建劝业场,其东与按照磨相连之处,曾设工艺场与宫纸印刷局。十五年(1926年)将劝业场改设安庆市政府。十六年(1927年)改市工务处,又将菜市移东北偏,改建儿童游乐园,内建船厅,围以花墙,树以花木,其循北而东,与通俗教育馆之园林相通,斗大宜城,足以趋人之兴趣者,只此而已。教育馆设于十七年(1928年),其北有矿质检验所。二十年

(1931年)将大殿及仪门内之朝房,改建讲演堂及实习制造陈列各室,而创设科学馆,检验所并入焉。通俗教育馆之大门向南而偏东,科学馆之大门向北而偏向西,俨然一城之学校教育与民众教育之中心地矣。沦陷时日寇于此设领事馆,抗战胜利后改设第一区专员公署。科学馆改设安庆民众教育馆,前通俗教育馆之大门左右,建为市房,今则为安庆区人民法院、文化馆、人民俱乐部。

从《民国怀宁县志》《安庆旧影》文献资料中不难发现,第十三座御碑文后面"孙曾元共识,爱民悉予志。""志"与"忘"之误。由于文献在传承过程中容易出现的差误,原因是典籍版本不同,传抄、翻刻、排版等过程,出现衍、脱、讹、错、伪等,或者字迹脱落、个人理解、以错传错,这是文献在传世中所暴露的弱点,而出土的碑刻文献,避免了传承中出现的错误,它是以实物资料形式,反映当事者在第一时间的信息,可靠性要大于这些传世文献,历来都受到史学研究、考古工作者高度重视。

安庆万寿宫中御碑,就碑刻的内容而言,是由皇帝亲笔御赐,为地方上获得的最高荣誉,其形制与规模,应该是碑刻中最高规格,书丹与镌刻、书法、内容校核等,都是极为严肃、庄严的大事。时至今日,这一座御碑,也不见踪影。由此管窥,省城从清朝的康熙六年(1667年)至1949年,安庆虽名盛,方志为何记载得多,遗留却甚少呢?名与实的差异大,实际上民国年初,已经如此了,最重要的原因就是咸丰年间,安庆是太平天国时期军事重镇,清军与太平军轮番攻陷,焚毁严重,这一点得到现存文献资料证实。

图3-15 重建御碑亭景

民国九年,省长聂宪藩在旧藩署正中,建一幢楼为省长公署,因第二年督军废制,加上为全省文化重心的图书馆,还没有固定馆址,就将此楼及旧藩署遗址,并连同天柱阁花园等处,一并划给省立图书馆作为永久性馆址。民国十五年,省长高世读又决定将旧藩署改为财政厅,饬令图书馆迁走。当时图书馆馆长吴传绮,据理力争,拖延搬迁,但一部分房屋仍被保安警察队、私立东南中学所占,后经交涉,陆续迁出。图书馆院内正中矗立图书馆成立时的馆碑石刻,篆书"图书馆"三个字。是由邓绳候等人士,在万寿宫(今市工人俱乐部)议创图书馆,由方丹石先生所书,并雕藻刻彩,精美丽瞻,可惜此方石刻今存不详。所幸今址劝业场建筑,仍保持民国建筑原貌,只是难觅昔日万寿宫的踪迹。安徽劝业场旧址,2019年被安徽省人民政府列为第八批省保单位。

图3-16(a) 劝业场东面正门景

图3-16(b) 劝业场南面正门景

四、黄甲坡江西会馆的万寿宫及吴坤修重建万寿宫碑文

2011年在修缮安庆江西会馆的过程中,发现大梁上留有吴坤修手迹"大清同治五年岁次丙寅孟冬月旦。钦加布政使衔安徽按察使署布政使吴坤修重建"。共有《重修万寿宫记》《给发执照》《修复会馆捐款》《据禀给示勒石告示》《团拜置产捐款》《瓦匠帮乐输姓名》《重修湖神祠捐资》《重修二忠祠捐资》10方碑刻,分别镶嵌藏于天井东侧墙体、东厢房楼梯下墙体、第二进北面墙体、西南角墙体以及西厢房阁楼上西侧墙体内,这些碑刻文献的发现,给我们文物工作者开展实物研究,提供了第一手翔实的资料,弥足珍贵。

吴坤修,江西永修县吴城吉山村人。捐纳从九品,分发湖南,咸丰年间为湘军水师司军械,旋领新募"彪字营",为曾国藩提拔,转战赣、皖,同治年间官至安徽布政使、署巡抚,在皖期间,修缮新建,功绩显著。

《民国怀宁县志》有载:吴坤修,字竹庄,江西新建人。由湖南知县于咸丰三年为曾国藩所拨识,随营带兵转战湘鄂江皖四省,克复府县城池二十余处,力抗湖口要冲,剿办皖南踞逆移防无为、庐江、芜湖,会克九洑洲各要隘,洊保题奏按察使,四年署徽宁池太广道补安徽按察使,五年署布政使转输饷馈、兴学校、建廨署、办城防,六年回任,七年巡抚时,皖军剿捻,坤修驻寿州,筹协前敌军饷,整饬营伍,经理善后悉竭心力旋,补布政司仍署巡抚,九年回任,整顿吏治,综理饷需,勤催科筹,赈恤巨细,躬亲积劳成疾,十二年卒于官,赠内阁学士,衔荫子入监,以知县用。坤修好读书,喜为诗,刻半亩园丛书三十种,著《三耻斋诗集》十卷,在任浚省城沟道,置学宫礼乐器,选诸生肄之,建忠义节烈祠,曾文正专祠、奎星阁、大观亭、振风塔、鸠江书院及余忠宣、李淳风墓皆捐资修之(本省志)。

吴坤修撰文的《重修万寿宫记》石刻原文:

重建万寿宫记

同治四年十一月坤修奉

天子命陈枭皖江,次年四月署藩篆,首议兴复如衙署府学坛庙,已次第兴工,此有公帑可销者,东南隅之奎星阁则捐廉为之,惟吾乡万寿宫毁于兵燹,仅遗数椽,供香火。仕于此贾于此者,久议未成,苦难筹费。坤修窃禄,既厚谊不敢辞,因开拓旧址,庀材鸠工。经年落成正殿,供奉福主,前为嘉会堂,殿左后为地藏庵,前为文昌阁,下为逍遥别馆,殿右后为湖神祠,前为文谢二公祠,此皆坤修捐廉所独创者,规模既定。此外,山门戏台,僧寮之属,踵事增华,是所望于同乡诸君子至。经营监造则候选道丁峻,道衔即补知府彭定涧,候选同知曹炜,候选中书蔡希郊,候选县丞涂锦波,例得备书新建,吴坤修谨记。

同治六年岁次丁卯仲秋月日泐石

图3-17　吴坤修重建万寿宫碑,此碑现藏于安庆市依泽小学

　　立碑时间为同治六年(1867年)秋,讲述经费难筹,"东南隅之奎星阁则捐廉为之"中"捐廉",为清代摊捐,是地方政府以强制摊扣官员养廉银的方式,筹措无法"作正支销"的公务经费,地方州县尤其风行。"惟吾乡万寿宫毁于兵燹"是指万寿宫毁于太平天国太平军,此宫是指黄甲坡的万寿宫。"因开拓旧址,庀材鸠工。经年落成正殿",开始扩宽旧址,选择材料,准备工匠,第二年建成万寿宫的正殿。当时,清军收复安庆后,百废待兴,本地人逃光了,很难找到瓦匠、木匠、石匠,安徽按察使署布政使吴坤修重建,用的是从江西九江的湖口县带过来的工匠们。初衷是为了重新聚集江西同乡们崇祀神明、联络议事、兴办义举、敦睦乡谊、襄助经营。

图3-18(a)　江西会馆南面正门景

图3-18(b) 江西会馆南面正门全景

图3-18(c) 江西会馆东朝房侧景 　　图3-18(d) 江西会馆西朝房侧景

五、两处万寿宫疑考

《安庆旧影》中也是记载了景定坊的万寿宫一处,"乾隆时县令王鸣,先后修葺,已久废"。在乾隆年间万寿宫虽荒废,是指建筑破败、没落,其道场功能还是延续,为此才会有"民国元年(1912年),由省会警察厅将御碑亭改为菜市场,将万寿宫改为烈士祠,予当时撰一联云:宫殿依然,不敬生王拜死士;匹夫有责,莫教地下笑人间"。证实民国之前,此万寿宫还是存在的。《民国怀宁县志》为什么没有记载黄甲坡的万寿宫?记载"江西会馆"时,只是落下寥寥几字:"在江苏会馆东,清同治间江西人重建。"此处并未再提及万寿宫建筑群一事,是什么原因呢?

图3-19　景定坊万寿宫景

尽管方志史料没有详细记载，从现存的文献与碑文，寻得两处万寿宫，是确实存在的事实。2017年7月24日经芜湖市文物同行传来一张安庆昔日的万寿宫照片，拍摄人、拍摄时间及旧照藏家不详，使我产生了浓厚兴趣。照片中万寿宫，正门上悬"万寿宫"石额，门前开阔平坦，后背景没有山坡，侧后面有两层楼高的一个小塔，一个身穿马甲的人的背影，一条长辫背后，证实拍照时间在民国之前。由此可以判定为景定坊址万寿宫，因为黄甲坡址万寿宫依山坡而建，门前有石阶而入，会有陡峭的坡度感。当时，便携式照相机出现，是在1888年美国柯达公司生产出了新型感光材料"胶卷"之后，并发明了世界上第一台安装胶卷的可携式方箱照相机，开始推广。此张照片的拍摄，有可能是外籍神职人员、外籍人士来安庆旅行留下来，当时只有此类人士，才有可能接触到最新技术的照相机，且概率最大。

民国时期安庆道教场所有16家，其中只有东岳庙、佑圣观为正宗出家道人的两家道观，其余14家为私人拥有的产业。而佑圣观与此万寿宫相邻，佑圣观"清康熙二年（1663年），道士胡朝国募修，六年（1667年）巡抚张朝珍，臬司佟国桢，郡守赵世桢，加以重修，咸丰毁。同治间道士重修偏殿两楹，宣统末改建省咨议局，民国初年为省议会"。显然和黄甲坡万寿宫没有联系。黄甲坡万寿宫，也是民国时期私人拥有的产业场所，所以《民国怀宁县志》没有记载此处，无疑惑了，《民国怀宁县志》只是记载景定坊万寿宫，就不难理解了。

吴坤修的"重建万寿宫记"碑文，记载了修缮后正殿供奉福主，前为嘉会堂，殿左后为地藏庵，前为文昌阁，下为逍遥别馆，殿右后为湖神祠，前为文谢二公祠，这一完整的建筑群，就是在今天安庆市依泽小学校园内的江西会馆万寿宫，建筑面积约1400平方米，坐落在老城九头十三坡之一的黄甲坡，于同治五年（1866年）倚坡而重建，主体一层，局部两层，整体建筑共两进，有房间近30间。整个楼宇恢宏，别具风格。正门前以石头砌成石阶，拾级而上，殿宇雕梁画栋，斗拱飞檐，梁柱、墙框、楣、槛、阶、横梁、护栏遍饰各式精雕戏文图案，是安徽省内唯一一座，能在原址基础上保持完好原貌的会馆。为2019年安徽省人民政府公布第八批省保单位。

从清同治年间吴坤修重建万寿宫，保留至今，并修缮完好，建筑群完整延续，非常难得，理应打造成国家历史文化名城安庆的一个亮点。还有一点，称谓是基于其文化内涵的基础上的，万寿宫是供奉福主的道教场地，应该恢复江西会馆原貌，把安庆万寿宫叫响，为安庆经济振兴、旅游发展服务。

万寿宫以古代建筑样式，承载着丰厚的宗教与民俗文化信息，一代一代繁衍承袭下来，演绎出五彩斑斓的人生方式与精神追求。如今，修缮一新的安庆万寿宫，如何让更多的国人凝心聚力，汲取中华优秀传统文化的精髓，继续踵事增华，是当今值得深思的课题。

"明德惟馨"碑刻的由来

安庆市博物馆庋藏一方"明德惟馨"碑刻。长144厘米，宽43厘米，高12.5厘米。碑文书体隶书，双钩刻，未署款。后经鉴定，乃邓石如晚年力作。

图3-20 "明德惟馨"石刻

碑刻中"明"字很有来历，东晋大书法家王献之的《洛神赋》帖中，曾将"明"字便写成了"眀"。在清代把"明"写成"眀"的现象很普遍，由于清朝实施严酷的文字狱，文人在许多场合都不敢直书明王朝的"明"字，担心无辜惹祸，可又避不开此字,便将"日"易成"目",意为"睁眼写错字",这是一种说法,但无从可考。另一种说法则相反,用"目"代替"日",是一种智慧,代表一双慧眼。如四川成都武侯祠的"明良千古"就是这用意,"明君之明重在能识人、识势",所以重"目",而诸葛亮正是这种有眼光的人。成都新都的宝光寺"光明世界"匾额,"明"字也写成"眀"。济南市大明湖牌坊上的"明"字,同样写成了"眀"。也还有其他的说法,明代已亡,大清当道,阴阳相隔,如用阴间的"明"字,会碍活着的人,故用"眀"。这些种种猜测之说,究竟如何,已无从考。但是清代人撰写明代的碑刻,大多用"目"部首的"眀",也是一个不争的事实。

"明"字最常见的三种写法:明、眀、朙。"明"字,最早出现在甲骨文中。《易经》里说:"日月相推,而明生焉。""明"字出现得虽早,然而在古代,"眀""朙"的写法更为常见。唐代颜元孙《干禄字书》中只收入"明""朙"两种写法,注曰"上通下正",即"朙"为正字,"明"为通字。

东汉许慎的《说文解字》释为:"朙,照也,从月囧,凡朙之属皆从朙,武兵切。"也就是说"明"字的正式写法其实是"朙"。对于"囧"这个部首,《说文解字》的解释是:"囧,窗牖丽廔(lóu),闿明也。""囧"与"月"组合在一起,便成了"朙"。表示月光透过窗户照射进来,即光明之意。"明"字的产生,则是在"朙"字由篆书向隶书演变过程中出现的。隶变中,小篆"朙"字左边的"囧"讹变简化为"目",就有了"眀"这种写法。《康熙字典》对"明"的注释为:"古同朙。田艺衡曰:古皆从日月作明。汉乃从目作眀。"

《说文解字注》(清)段玉裁注(上、下)中"明"注释:

朙(明):照也。火部曰:照,明也。小徐作昭。日部曰:昭,明也。《大雅·皇矣》传曰:照临四方曰明。凡明之至则曰明明,明明犹昭昭也。《大雅·大明》《常武》传皆云:明明,察也。《诗》言明明者五,《尧典》言朙朙者一,《礼学·大学篇》曰:大学之道,在明明德。郑云:明明德,谓显明其至德也。《有駜》:在公明明。郑笺云:在于公之所,但明明德也。引《礼记》大学之道,在明明德。夫由微而著,由著而极,光被四表,是谓明明德于天下。自孔颖达不得其读,而经义隐矣。从月,从囧。从月者,月以日之光为光也。从囧,取窗牖丽廔闿明之意也。囧亦声,不言者,举会意包形声也。武兵切,古音在十部。凡朙之属皆从朙。

"明"古文从"日"。云古文作明,则朙非古文也。盖籀作朙,而小篆隶从之。《千禄字书》曰:明,通;朙,正。颜鲁公书无不作朙者,《开成石经》作明,从张参说也。《汉石经》作"明"。

因此,古文用明,籀文用朙,小篆隶书都用此朙。汉代开始用明,就是单纯文字"朙""明""明",演变进化而已,是书体书写习惯。碑文"明德惟馨"释义,是比喻具有高尚品德完美的人,真正能够散发香气的是美德。明德:美德;惟:是;馨:散发的香气。碑文出自《尚书·君陈》"至治馨香,感于神明。黍稷非馨,明德惟馨。"

1.1986年2月,安庆市博物馆在原大观亭小学,征集到此方"明德惟馨"碑刻,当时一并征集到的还有"双凤麒麟图""崔帅留靴故事图""唐玄宗敕封张果老故事图"石刻画像石,后来四件石构件,鉴定为三级文物。

石刻画像主要指刻画在坟墓石壁、墓地祠堂、庙阙等石构建筑上的图形,包括人物、草木、鸟兽、云水等,属于中国丧葬习俗的一部分,人称"画像石"。其源产生于西汉,内容丰富,具有科学研究价值和历史文献价值。究其内容而言,有古人事迹、祥瑞图、车马出行图、战争狩猎图、宴享乐舞图、神仙长生图、宗教画像图、山水鸟兽草木图、生产活动图及画像题字。

"双凤麒麟图",是传统祥瑞图纹饰题材。古称麒麟为仁兽,因其"不履生虫,不折生草"。雄性为麒,雌性为麟,或合而简称为麟,传为祥瑞之物。古称麟、凤、龟、龙为四灵。古代的石雕、泥塑、年画和刺绣等都有麒麟形象,作为祥瑞的象征。

图3-21 双凤麒麟图

"崔帅留靴故事图",为古代先贤事迹题材。讲述的是唐代华州刺史崔戎离任时的故事,州人百姓恋惜舍不得,有人脱去他的靴子,不肯让他离开。比喻地方官吏清廉为民。

图3-22 崔帅留靴故事图

"唐玄宗敕封张果老故事图",为神仙长生题材,介绍张果老故事。在唐朝的时候,民间流传的张果老故事非常多,名气很大。唐太宗、高宗闻其名召之,皆推脱不去。后来,武则天又派人去请他,迫不得已,才跟着使臣上路。路上他使用仙法,装死而去,气息皆无,差使只得离开,回去交差。唐玄宗开元二十三年(735年)玄宗听说他没有死,派人去请。这次派使臣裴晤,去中条山请。裴晤见张果老齿落发白,很不起眼,有点瞧不起他。张果老见状,便又来了个气绝身死,吓得裴晤赶紧焚香求拜,这才苏醒过来,但仍不肯进宫。唐玄宗闻奏后,认为裴晤办事不力,又命中书舍人徐峤带旨相请。张果老这次才进宫,唐玄宗问他:"先生得道者也,何故齿发衰朽如此?"张果老答道:"我是齿落、发稀时得的道,就是这副模样。今陛下见问,不如把齿发尽去了更好。"话还没说完,竟将头发拔了个精光,又将牙齿敲掉。唐玄宗十分惊讶,忙说:"先生何故如此?且去歇息。"但一会儿,张果老又走了出来,面貌大变,"青鬓皓齿,愈于壮年",唐玄宗十分惊奇。达官贵人们争相拜偈,求教返老还童的秘诀,但都被他拒绝了。唐玄宗十分敬佩张果老,授他为"银青光禄大夫",赐号"通玄先生"。唐玄宗还有个好道的妹妹,叫玉真公主,唐玄宗就想把她嫁给张果老。不料,张果老却坚持不受,还唱道:"娶妇得公主,十地升公府。人以为可喜,我以为可畏。"唱完大笑不止,然后掏出纸驴,吹气成形,倒骑驴背走了。

图3-23 唐玄宗敕封张果老故事

上述三方画像石，为墓葬、祠堂祭祀内容题材，为余阙墓建筑中的部分石构建。其中，"双凤麒麟图""崔帅留靴故事图""唐玄宗敕封张果老故事图"画像石断代为明代，这不难理解，而"明德惟馨"碑刻，应该和发现的画像石明代时间一致，而博物馆原先入库清单上，断代也是明代。此后又改为清代，最大的原因，是和清代书法篆刻大家邓石如所书有关，其居所就在大观亭的豆神庵，起居、生活，朝夕于此。

安徽省地方志编纂委员会编辑《安徽省志·文物志》一书中，第二章碑刻、墓志铭：邓石如碑刻，指邓石如在安庆市留下的题书刻石。现已知有13块，分藏3处……安庆市博物馆收藏2块，一为"集贤律院"碑，一为"明德惟馨"碑，均为4字隶书横幅作品。"明德惟馨"碑，为余阙墓享殿门楣匾额，语出《尚书》"黍稷不馨，明德惟馨"句。未署款，从书体结构与行笔看，乃邓石如晚年所书。1987年安庆市大观亭小学在平整道路施工中出土。由安庆市博物馆征集。

此志记载时间为1987年，征集入库时间是1986年2月，应以此时间为准。《安徽省志·文物志》出版于1998年10月。其记载中以"书体结构"与"行笔"的字迹，为甄别邓石如书体依据，此也是断代清代的依据。从圮毁的祠、墓的石构件来看，"明德惟馨"与"双凤麒麟图""崔帅留靴故事图""唐玄宗敕封张果老故事图"三方石刻画像石内容，是吻合的。

"明德惟馨"碑刻，是对余阙就义之举的颂赞。

余阙墓，地方志《民国怀宁县志》（卷四冢墓三十六）记载：余忠宣公墓，在正观门外，公死贼义之，求其尸清水塘中，具衣冠葬此。明洪武八年封表，危素之降也。后朝帝闻帘声橐橐,问:为谁?答曰:老臣危素。帝曰:朕以为文天祥也。命往安庆守余阙墓。清知府李士桢重修。康熙己亥知府张楷复甃石为圹。雍正己酉臬使刘枂加石栏焉。道光辛巳邑令陶澐又重修。一时名公卿多有凭吊唱和之作。……忠宣公墓前,左为李宗可墓,右为马卒墓,旧俱失。其处,明知府胡缵宗访得而封职之。咸丰间毁于兵,同治丙寅,皖抚彭玉麟重修忠宣墓,一并勒碣。

又臬署西偏有二垒,相传是风节井中遗骨。清嘉庆九年臬使鄂云布为立石碣,以朱栏护之。(马守愚风节井遗骸考详祠祭)

郡角西北隅,城上嵌有石碑云:淮西帅府令史常元墓旁缀,至正十六年正月十六日卒。康熙五十九年,知州张楷,垒石树碑表。

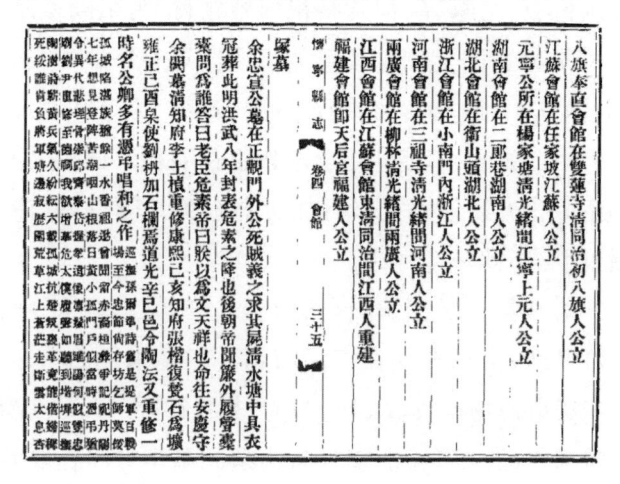

图3-24 马守愚风节井遗骸考详祠祭

地志也记载了历次修缮的事。"清嘉庆九年臬使鄂云布为立石碣,以朱栏护之。"嘉庆九年臬使鄂云布,给余阙墓树石碣,用朱栏围护起来。是否书丹勒石"明德惟馨"碑文,方志并无记载。按邓石如年谱"嘉庆九年"这一年,春夏秋他都在山东、江苏、浙江云游,只有十一月冬"得家书促归故里",这一次回安庆刻石"明德惟馨",推测可能性较大,因为臬使鄂云布修缮余阙墓时候,是邓石如人生的晚年,时六十二岁,之后便在嘉庆十年(1805年)十月逝世。

虽然方志没有记载邓石如为余阙墓刻"明德惟馨"碑刻一事,但邓石如年谱记载了曾题诗刻石置其墓侧。邓石如字迹,具有独特艺术魅力与鲜明个性,其神、势、韵无法模仿。

2.余阙,元末著名的诗人。在中国古代文学史上,留下一抹异彩。《安徽省志·文物志》第二章历代名人墓篇,也载"余阙墓"。

余阙墓,位于安庆市西门外大观亭旧址内,其墓东侧旧有余阙祠,已早毁。原墓碑约高2米,刻隶书:"元余忠宣公阙之墓",此碑也不复存在。

余阙(1303—1358),元末将领,字廷心,一字天心,庐州(今安徽合肥)人,先世唐兀氏,居河西威武。元元统年间进士,累官监察御史,曾著有《青阳集》一书。元至正十三年(1353年),出守安庆,任淮西宣慰副史、淮南行省左丞,囤草积粮、开深堑、起飞梭,与红巾军对峙数年。元至正十八年元月,红巾军攻破南山,余阙败走西门,与农民起义军陈友谅部激战。余阙重伤后自刎于清水濠。其妻蒋氏,妾耶卜氏及子德臣、德生,女安安,甥福童6人均投井自尽。明洪武八年(1375年)追谥余阙为忠宣公。

《民国怀宁县志》(卷四名胜十一)记载安庆名胜"天开图画亭"景时,记录下有关余阙的一首诗,题为"安庆郡庠后亭宴董佥事",如下:

鲸鲵起襄汉,郡邑尽烧残。
兹城独完好,使者一开颜。
省风降文圄,弴节遵曲干。
双池夹行径,累榭在云间。
天净群峰出,地迥苍江环。
霞生射蛟台,雁没逢龙山。
开樽华堂上,命酌俯危阑。
主人送瑶爵,但云嘉会难。
岂为杯酒欢,乐此罢民安。
魄渊无恒彩,清川有急澜。
明晨起骖服,相望阻重关。

清代学者顾嗣立在《元诗选》中这样评论:"要而论之,有元之兴,西北子弟,尽为横经。涵养既深,异才并出。云石海涯(贯云石)、马伯庸(马祖常)以绮丽清新之派振于前,而天锡(萨都剌)继之,清而不佻,丽而不缛,真能与袁、赵、虞、杨之外,别开生面者也。于是雅正卿(雅琥)、达兼善(泰不华)、易之(洒贤)、余廷心(余阙)诸人,各逞才华,标奇竞秀。亦可谓极一时之盛者矣!"

邓石如(1743—1805),生活在乾隆八年至嘉庆十年间。居住在安庆大观亭的豆神庵。"邓石如读书处"现在市观音巷53号,1990年7月列为市级文物保护单位。当时大观亭、余阙墓,都是邓石如读书、写字、交友、居住生活之处附近,为余阙书丹勒石可能性最大。《安庆文史资料》第二十九集邓石如专辑,"邓石如年谱"有载:"1794年(乾隆五十九年,甲寅)五十二岁。冬日,到安庆大观亭,竭元余阙墓,并作五言诗二章,篆书后刻石置其墓侧。"

邓石如题诗:

大观亭竭余忠宣公墓

浩气还虚碧,江流日夜声。
白杨森培堘,青史照纵横。
风雨云雷阵,干戈草木兵。
孤城公力竭,家国恨难平。
皖国分吴楚,灵旗驻大观。
蒸尝千古祀,图史一朝官。
风节井泉赤,精忠池水寒。
悲歌动渔唱,江上有波澜。

诗文尾注:据山人自注,此诗作于乾隆甲寅(1794年)冬日,篆书刻石置于余阙之墓侧,惜今已不存。说明为余阙墓勒石确有其事。当时满朝盛誉的书法、篆刻大家邓石如,求字、求刻石者众多,目不暇接,邓石如年谱中均有记载。余阙乃是历代英才贤达仰慕的英杰,自然亦是邓石如敬仰之人,也是乐意选择而为之,在邓石如为其题诗内容中也能体现,现今发现的画像石、"明德惟馨"碑刻,也印证这一史实。

"明德惟馨"碑刻四字,倾注了邓石如人生最后最精彩的精华,将余阙人格魅力与书法艺术魅力完美融合,推向前无古人后无来者的顶峰绝境。

重建英果敏公祠记考略

在熊、范二烈士专祠庭院内西南侧竖有两块石碑。一块是"太子少保升任两广总督安徽抚西林英大中丞德政碑",碑高235厘米,宽135厘米,厚22厘米。该碑主要记录了巡抚英翰在安徽平乱征战及体恤民情的功德与政绩的史实。另一块石碑为"重建英果敏公祠记"，高137厘米，宽100.5厘米，厚17厘米，虽然碑身断裂，上身碑刻字迹依旧清晰，它记录了一段有关重建英果敏公专祠的历史，具有较高的历史研究价值，碑文如下：

谕赠

重建英果敏公祠记

生为英而殁为灵，盖功施社稷，德被生民者，综今昔无异然，而降俎豆荐馨，心有同然也。原任安徽巡抚果敏英公，树功于皖也，久植德于皖民也深□。获以有造者，何可腾数。

光绪丁丑□公捐馆于乌鲁木齐任所，事闻，戊寅正月谕赠太子太保予优恤予谥果敏，并立功地方建立专祠，则专祠之建，盖慕皖者。江寺右慈云阁权奉。公祀专祠之建既未果，嗣是寺僧，屡有还阁之请，厚亦意。有未安因兴丁廉访峻宋提军朝儒朱刺史大绅等集议，□即在皖旧部集资成。专祠之建又未果，厚独念我□公志量，远造就宏居，恒期得用，才奠□国家而后，而功德所，贻皖士庶追思慨慕迄于今，不□□传公，为已授冥职，云犹意。戊戌十月，戎装奉调，然又桄聆，□公训若欣专祠之设，并□以不日告成，然朱刺史亦有来自殁有所为者。□公倘其人□自□公去皖垂三十年，皖稍稍多故矣，使继。致此，此厚所为拳拳于专祠之建期，以彰□国典副民望妥。公灵认兴起乎后事。善备卜筑专祠顾可纡耶，始议地于城中，既思迎江寺，面水负山，地据形腾者。自古地以人传人，亦以地传鹤楼滕阁之列，于远大观亭之峙，于近今得英，参差后先相。映小云其吉谁曰："不宜厚用，是独坚己见，于庚子秋鸠庀工材"。僧请复旧观爰曰阁，□原址新建嗣殿三楹，殿前左右翼以廊，又其前为玻璃。祠□□并改原设大门之一，为祠门者三，门楹之上新建大楼，五楹祠外周，告成于辛丑正月中旬，献牲礼以致虔，□登斯楼而远望，江山无恙，城郭依然。

春秋展祀，有于闻风而振奋这乎，厚既幸有以报。公命而庆公灵之。邦使斯民康平安乐绵之，亿万年斯年，永永勿替焉，援笔记是，用告来兹。三品衔补用道安徽候补知府长白祺光绪二十七年正月穀旦立石。

（注：此碑已断为两截，上半截刻字完整，下半截碑刻失存。现藏于安庆市博物馆。□字均为磨损不清。已实考断句。）

图3-25　太子少保升任两广总督安徽抚西林英大中丞德政碑

图3-26　重建英果敏公祠记石刻

一、英翰的身世及其准确卒年

关于英翰的身世，碑文中并未提及。从史料和学者们的相关研究中了解到。

《怀宁县志》中略有记载："英翰，号西林，萨尔图氏，满洲正红旗举人。咸丰四年，以知县拣发安徽，历署合肥、凤台、霍邱、宿州及凤颖同知事。"英翰，清朝大臣，道光二十九年举人。曾任安徽巡抚、两广总督、乌鲁木齐都统。咸丰四年，拣发来安徽，以知县用，至同治十三年擢两广总督，先后二十一年在安徽省境内各地与太平军、捻军征战，是晚清历史上因镇压太平天国、捻军起义而成名的督抚之一。上海社科院历史研究所袁燮铭先生《关于英翰的旗分、勇号和卒年》一文中，对其身世进行了考证，并在英翰祖父文禄曾经担任过总兵的云南的清代地方志中，找到了英翰祖上为满洲正红旗人的佐证，确认英翰为满洲正红旗人身世,这个观点与《怀宁县志》记载一致。

关于英翰卒年有三种说法:一是光绪二年;二是光绪三年;三是光绪四年。

光绪二年的观点,初始于董沛、李文敏的《萨尔图果敏公行状》记载其卒情,原文引录如下:"十三年,擢两广总督,遵旨如觐。光绪元年,陛辞,从海道南行,至广州,二月视事,以议收闱姓捐为同官所劾,……落职。公回京,闭门奉太夫人,未尝有外交。朝廷念公前劳,以其年十月赏还世职,旋赏二品顶戴,署乌鲁木齐都统,二年春,西出关。七月,至古城接篆,遂赴迪化州。边疆新复,厨传不能给,公一安之,惟以守备单弱为虑,奏通筹善后一疏。及真陈命下,公已病疟四十余日,强起谢恩,翼日,复患痢,自知不起,力疾草遗疏。十二月八日薨。"

光绪三年的观点,始见于方稀梦《英翰公行状》,及史念祖《英果敏公墓志铭》。史念祖在《英果敏公墓志铭》文中,"三年四月,公抵兰州,念祖适提刑是邦,相见握手,揉杂悲欢,言各在口,而卒莫知所询所语。……讵料公以七月之任,九月疾作,十月疾笃,十一月拜真除之命,十二月八日竟薨于位。"

光绪四年的观点,多见于各种年表,其中包括《清史稿》和《疆臣年表》、章伯锋的《清代各地将军都统大臣等年表》的《正表》和台湾学者魏秀梅《清季职官表》。

对上述三种流传的观点,袁燮铭先生进行考证,最后论证光绪三年的观点正确。

而"重建英果敏公祠记"碑文则准确地记载下英翰的卒年,在碑文第二段开头,"光绪丁丑□公捐馆于乌鲁木齐任所,事闻,戊寅正月谕赠太子太保予优恤予谥果敏,并立功地方建立专祠,则专祠之建,盖慕皖者"。此文中,"光绪丁丑□公捐馆于乌鲁木齐任所"即英翰逝世在乌鲁木齐任职上,光绪丁丑年即光绪三年,是1877年,而知道此事已经"事闻戊寅正月",光绪戊寅年即1878年正月,是光绪四年正月,清廷知道以后才封谥号。碑文确切记载为光绪三年,碑刻资料与袁燮铭先生考证一致、吻合。

二、公祠重建地点,建成时间及建筑格局

据《清史稿》卷四百二十五列传二百一十二中记载:"十三年,擢两广总督。粤匪悍酋杨辅清败逸后,犹潜匿福建晋江,令降将马融和等往捕,至是始就擒,奏请诛之。光绪元年,入觐,晋二等轻车都尉世职。广东闱姓捐奉旨严禁,英翰奏请弛禁助饷,又因随员招摇,为广州将军长善等所劾,召还京,被议,褫职。未几,命还世职,以二品顶戴署乌鲁木齐都统。二年,实授。寻卒,赠太子太保,复勇号,赐恤,谥果敏。安徽省城及凤阳、寿州、宿州、阜阳、蒙城、涡阳并立专祠,赐其母银两千两,人参六两。无嗣,弟英寿袭世职。"又如民国初修订《怀宁县志》(卷十四名宦七十四)称:"光绪初,升任两广总督,因事落职,旋授乌鲁木齐都统,卒赠太子太保衔,赏还通号花翎照统。军营病故,例从优议恤,建立专祠。英翰性至孝,公余养志如孺子。其带兵则罚必当罪,赏恒浮于其劳,故人皆愿效死力。平事以来,培植士类,岁费千余金,为敬敷书院优奖,择其英俊者亲教育之,至豁达大度推诚待物,尤有古大臣风。"可见,在英翰去世后,安徽省城及凤阳、寿州、宿州、阜阳、蒙城、涡阳都曾经设立专祠。那么,作为当时省会的安庆,专祠又设置在何处?建成于何时?

碑文中是这样记载的:"善备卜筑专祠顾可纾耶,始议地于城中,既思迎江寺,面水负山,地据形腾者。"初始,就将建祠地点选在迎江寺,后因种种原因未能建成,只得先在慈云阁供奉。"光绪丁丑□公捐馆于乌鲁木齐任所,事闻戊寅正月,谕赠太子太保予优恤予谥果敏,并立功地方建立专祠,则专祠之建,盖慕皖者。江寺右慈云阁权奉。"

然而,据《迎江寺志》记载,引录原文如下:《怀宁县志》载:"大士阁在迎江寺西,邑令马刚建阁。前为四宜亭,后为广嗣殿。"而额曰"慈云阁"。前殿、东西楼廊建筑面积为1022平方米,后殿378平方米,合计面积(含院基)1945平方米。……民国6年(1917年),主持僧广法因深得迎江寺监院寺竺庵照应,临寂前将慈云阁并广嗣殿统赠迎江寺。……慈云阁曾为"英果敏公祠"。安徽候补知府白祺厚,为建英翰祠几经周折,最后决定将慈云阁改建成英果敏公祠。

也许在当时这种特殊情况下已经在迎江寺右侧慈云阁供奉了英果敏公,或许只是临时场所,尚未正式建成一座专门用于祭祀的独立专祠,才会出现碑文"公祀专祠之建既未果,嗣是寺僧,屡有还阁之请,厚亦意"。寺僧不愿寺庙内场所挪作他用,最终协商,在原来倒塌废弃的旧观爱曰阁址重建,既不占寺庙正常佛事地方,又能将荒弃的旧观爱曰阁重建,实为一种顾本之策。

此外,碑文又对新建专祠的建筑风格,做了详细记录"僧请复旧观爱曰阁,□原址新建嗣殿三楹,殿前左右翼以廊,又其前为玻璃"。"祠□□并改原设大门之一,为祠门者三,门楹之上新建大楼,五楹祠外周,告成于辛丑正月中旬,献牲礼以致虔……"其建筑形状与格局,基本上就是后来民国四年四月民国政府为祭奠在皖的辛亥革命熊成基、范传甲烈士作为纪念专祠的忠烈祠的建筑雏形。

图3-27 熊、范二烈士专祠

最后,碑文记录了专祠建成时间。"告成于辛丑正月中旬,献牲礼以致虔。"辛丑正月就是光绪二十七年正月,即1901年2月中旬,是正式建成英果敏公祠的时间。而碑落款"三品衔补用道安徽候补知府长白祺光绪二十七年正月榖旦立石。"与《迎江寺志》中描述"安徽候补知府白祺厚,为建英翰祠几经周折,最后决定将慈云阁改建成英翰敏公祠。"中的候补知府姓名有出入,应该以原碑文"长白祺"姓名为主。长白祺,何方人士,其情不详,有待后考。

重建英果敏公祠记碑文,记载下几经周折的重建过程,虽为谕赠,受官衔、规格等体制限制,历经二十四年后建成,看来在当时的清朝,也不是一件轻而易举之事。梳理上述史实,对后人研究英果敏公,熊、范二烈士专祠等内容,也颇具史料价值与借鉴意义。

第四篇 民国——皖江觉醒篇

安庆辅仁局碑记、碑刻

1986年7月17日,由安庆市杨桥施工队胡银潮同志提供信息,在枞阳门附近原火神庙旧址施工工地,发现"辅仁局""安庆辅仁局碑记"两块石碑,这是有关民国时期慈善机构的内容。

图4-1 辅仁局碑刻

图4-2 安庆辅仁局碑记碑刻

碑刻碑文:

安庆辅仁局碑记

闻之作善降祥,作不善降殃,殃祥之应如影随形,非数也,理也,非天地,人为之也。一人之身,其气流行充周于脏腑经络肢体之间,乖厉瘟疫之侵气,自不得而侵入之一。都会之地，其善气磅礴，弥给予士农工贾心理之间，则刀兵水火之劫运，亦必因而转易之。人定胜天，理固如是也。比年以来，军兴多故，衣冠饿殍，城郭邱墟，怵目惊心，往往而是。安庆为省会，地方濒于阽危者亦数矣。然卒能邀天之福，不旋踵而庆安全，说者，谓善堂林立，其善气充塞于空际，是以与无形将降之，戾气相敌而胜之，故灾变不作。其说无征，其理谁不可信哉？本局为省会善堂之一，创始于民国乙卯，名曰硕善。经营草昧，规模未具，善根随立，犹蒙泉硕果之象焉。丁巳秋，改定今名，曰"辅仁"，而颜其堂曰"怀德"，遽谓尽纳老弱、废残、鳏寡、孤独颠连无告之穷氓，咸登仁寿之域，以广吾德。亦曰怀此先烈，不愆不忘罄其力之所能至，以与省内外诸慈善家相辅而行已耳。其意谦，其愿力亦宏伟矣。曩者局无定址，初设于江公汝文之楼，继迁于东城外，复迁于鸿渐坊，典赁无常，不遑宁息，盖十数年而三迁焉。今岁庚午，局中同人有鉴于基础不立，虽有善者等身布焉，恒苦于于所凭依，而坚一般之信仰，爰慨然捐资募金，购地于东城内，广宽约三十方丈，四至另载契碑，就原有房舍，从而修葺之，并新建前后厅楼两所，以奠厥位。议定职事，仍率旧章。凡老而无依者，给衣米；贫病者给医药；死无以殓为葬者，予以棺木或代瘗埋于义山之阳。平时劝善惜字，永为定例宏此远谟，守而勿失。善量日广，善气日盈，其造福宁有涯涘。推是义也。一切灾劫化为尘沙，盖可以操券而获者，余是以援经营缔造之略，及天人响应之理，滞笔记之，以召来哲。至乐善芳名，蠲金数目，先后董其成者之姓氏，均不备载。所以徇本局同人之意，惟其实，不惟其名，邦人君子可以观焉。

中华民国拾玖年岁次庚午季冬月吉日
邑人丁景炎述明敬撰
程式如玉衡敬书

此碑残高140厘米、宽59厘米、厚19厘米，断裂为两节。为馆藏三级文物。

从碑文中看，辅仁局前身"硕善"堂，始创于民国乙卯年即民国四年（1915年），丁巳年秋民国六年（1917年），改名"辅仁"局。最初设在江公汝文之楼，后来迁到东城外，再次迁到鸿渐坊，由于租赁到期反复无常，没有固定的地址，苦不堪言，遂下狠心，于庚午年即民国十九年（1930年），在东城内购置地，长宽30余丈，修葺原有房舍，新建前后厅楼两所，正式形成"辅仁局"慈善场所，行善乐施，立碑纪念此事。由丁景炎、字述明撰文，程式如、字玉衡书写。碑文涉及有关撰文、书写人物,地方志均无记载,或许为该局内人士或社会绅士、名流也。

第二方碑刻,方履中题"辅仁局",楷体。为辅仁局门额。中部有裂痕,长115厘米,宽46.5厘米,厚9厘米。为三级文物。

题写人,方履中(1864—1932),字玉山,一字聘商,安徽省桐城县义津(今属枞阳县)人。民国十八年(1929年)溧水《方氏宗谱》第五次修谱时,曾请光绪年间进士桐城人方履中作序,其承认与溧水方氏为同宗。

方履中少时读书勤奋,学业日进。清光绪年间中进士,授翰林院编修。后离京,先后任两淮盐运使、四川提学使、安徽矿务总理。光绪二十七年(1901年)方履中因治父丧回乡,后居安庆。民国21年,方履中因病卒于北京。

光绪二十七年(1901年),英商凯约翰以欺诈手段获得开采铜官山铜矿商约。安徽绅商学各界群起反对,公推方履中为代表,进京控诉。宣统元年(1909年)三月,英商凯约翰被传讯到京。在谈判桌上,方履中以无可辩驳的大量事实,揭露凯约翰侵占我国矿权的违法行为,凯约翰当场理屈词穷,无以应对。宣统三年(1911年),方履中以皖省矿务总理身份赴南京,宣布收回铜官山矿自主开采。第一次世界大战爆发后,由日商控制的"中日事业公司"获得安徽省的矿山开采权,日本的"三井洋行"遂从方履中手中夺去铜官山矿开采权。方履中实业救国之志,并未因之动摇,又在当涂创办"振冶铁矿公司",并自任总经理。民国十九年(1930年),方履中应冯玉祥之聘,前往北京中国大学任教,并潜心著述。著有《贞泯不泐》《皖矿始末通告书》《桐城明贤诗词辑》。方履中以实业救国之路,最终没有成功。但在省城开办民办辅仁局慈善机构,体现了他一腔爱国情怀与报国之志。

民国时期,安徽省城慈善组织众多,官办、民间劝募组成的善局堂所,达34所。安徽省救济院是省立慈善组织的管理机构,是慈善团体的领导机构,监督、管理所有的慈善团体。院址设在司下坡,1933年张伯衍(字伯衍,清举人)为安徽救济院院长。救济院下面的养老所、育婴堂、残废所、义渡局等为官方设立的慈善机构,由省财政厅拨付救济项目费用。34所慈善堂所中官设十余所,其他为地方绅商富户私捐民办。从碑文内容看,辅仁局是一家新的民办慈善机构。有关安徽省城慈善机构情况,《民国怀宁县志》"公局"中记载了清末至民国时期,较有影响的官办、民办的公益慈善机构。

养济院在北门内弓箭巷,清同治元年官立。收养鳏寡孤独残废穷民,经费由盐河厘局拨给,及房地租金项下支销。

官医牛痘总局,在大南门内正街,清同治初官立。专送诊贫民,给药并施种牛痘,常年经费由官发给。

栖流所在北门外地藏庵,清光绪十三年官立。收养男女无告穷民,经费每月由官发给。

同善医局在县下坡,清光绪年间官立。专送诊贫民,经费由官发给。

因利局,旧附多宝仓,近附纯阳道院。清光绪十三年巡抚陈彝,立储款借给贫民作小贸易,或一二千文,或四五千文,五日一还,五十日还竟,得再借仍如前还,不取利息,民称便,国变后废。民国四年巡按使韩国钧莅皖,复筹款举行。

育婴堂在南门外。乾隆十一年巡抚潘思榘、郡守赵锡礼、邑令陈儞仪捐金募建。

体仁局在马王庙左(今四牌楼西街)。清乾隆九年,皖绅捐募创建,办理施棺检药,惜字纸持溜缆,掩骼埋胔各义举,经费悉自民出。道光间,上宪谕令通省各州县每岁津贴银两备决囚棺木。咸丰三年毁于兵。克复以后,以经费不继,并东门外救生合办产业。

救生局在东门外。清康熙朝郡守刘栻创救生船,后废不举。道光二年,邑令朱士达复募绅捐,建局屋与址并。造太平船两只。十二年奉藩司筹银三千两,发典生息,充局用。越十余年,叠被水患,入不敷出,屋倾船朽。二十七年邑绅等重捐,建楼屋二重,红船三艘,禀蒙抚藩臬三司及府尊,每岁各捐廉银百金,县尊钱百缗,为永久经费。咸丰三年毁于兵。克复后,皖绅以救生局义举,为刻不容缓,经费不敷,因议将体仁局归并合办,奉布政司何璟捐红船四只,又禀蒙抚藩臬三司岁各捐廉白金,城内外绅商亦有常年捐助。光绪元年改归官办,旋改为官督绅办。光绪戊戌重修附建,左右市屋三所。光绪二十三年禀蒙布政司于荫霖、按察使赵尔巽扎饬各州县自二十四年始每年在应领外孤贫项下,划扣库平银五两为局购备决囚棺木之用,其产业原属体仁局者。

太平局在金保门外,旧为宋四贤祠,里人藉以办理地方公益。清咸丰三年毁。同治六年重建,奉四贤位于前庭。光绪九年创设义塾后更名养平小学,附养心局内。光绪十年巡抚陈彝为奏请,岁发仓粟二千四百石,于十二月散给城乡附近贫不能自存者,不足由局筹增,由局董给散民。民国三年停止。

养心局在西门外古牌楼正街,救济贫民设办义塾,清同治元年绅商士民筹办。

宝文安靖局在西门外大观亭下赤帝神道东旁,清同治二年民建局,前东首立有徐公祠。

永清局在西门外柴家巷,清同治七年民立,置义冢二所。

永安局在旧府署东首双莲寺前。清同治七年民设,附有初等小学,置义冢四所。

靖定局附设北门内中路商团内。清同治八年建。

从善局在东门外正街朱家坡上首。清同治七年建。

乐安局在东门外月城内正街。清同治七年建。

万安局在北门内孝子坊。濮姓公捐,地基于清同治七年建,置义冢二所。

同安局附设西门外大节祠内。清同治六年,立其产业。

清洁堂在四牌楼西街。清光绪四年省绅叶伯英等禀恳巡抚裕禄批准,将安徽通志局内原马王庙三清殿遗基改建。九年开办,先给外养每名钱五百文,九月内养二十口,后逐渐增收至二百余号,并随带子女共五百余人,捐款最巨者合肥李文忠公两千两,邑人叶伯英一千两,桐城方诒谋堂、怀宁汪怡敬堂各五千五百两,旌德吕裕德堂八千两,此外皖南北巨绅善长各有捐助。光绪十八年,邑人汪福安等将堂所有产业造册,禀蒙巡抚沈秉成奏咨立案,十二月十八日奉朱批该部知道。光绪十一年九月,邑绅舒卓元等禀蒙两江总督曾国荃批示,皖岸盐课督销局在北盐余斤项下,每年贴盐二千四百斤清食。十四年家四百斤。三十二年复加六百斤。

清定局在北门外堑楼南首。清光绪二年民立。

普清局在西门外司下坡。清光绪六年民立。

永康安宁局在古牌楼忠臣庙后街。附设开运小学,并置义冢三所。清光绪十八年民立。

义渡局在小南门外西首,临江。清光绪二十八年郡绅筹款就伪炮台改建,原办大渡船四只,小渡船二只。大渡船送过江来往人,小渡船为西门外小新桥开河挖断处往人员用也,定章行人不给分文,舵工水手有需索者重办。

康济局在北门内大关帝庙西首。清光绪二十九年民立。

济安局在北门内分龙巷。清光绪三十一年建。

水龙局有六。清平在西门外横坝头,清同治间民立。保安在三步两桥。永逸在龙神祠。亿安在同安岭。定安在鸳鸯栅。咸宁在旧龙门口,均清光绪间民立。

清真水龙局。一在大南门内清真寺间壁,同治间民立。一在大南门外正街东巷,光绪三十四年民立。

同善堂在玉虹门外清水塘。内设殡屋,寄顿旅榇,置义冢四所。清宣统元年建。

永仁局在杨家塘。民国元年建。

兴人局在江镇里街,属受泉乡之虞公梅林,江镇三保公所办理,置山施材掩骼埋胔,诸慈善事项,本局所公屋两重,对门公屋五重,左右均有市房,岁收租金,以济局费,共计义冢连旧志已载四处,公二十七处,岁由本局经理人标祀。

同仁局在莞年下乡石镇皮匠街。局旧有奎星阁,清咸丰初均毁。光绪二十九年,邑人潘銮、刘瀛滨、姜寿庆重建。局屋仅办理桥渡,并标祭义冢,旧行诸义举,因费窘停止。

三保公局在潜岳乡李家桥。清光绪间,沙中、沙下、彭上三保公建。

太平池。旧藩署西一,臬署后一,黄甲山一,四方城一,龙神祠一,朱紫巷一,均清光绪间官立。旧御碑亭一、二,郎巷一,西门内正街一,旧府学一,均光绪间民立。又风节井旁一,清宣统元年官立。高井头一,民国二年民立。又藩安前一,曰藩安池,清光绪间官立。

安庆商务总会在西门内司下坡。清光绪三十一年成立。

商团,中路驻扎城北纯阳道院,西路设西门外太平寺,东路在东门外东岳庙,均民国成立。

药业公所在四方城县署围墙外。民国四年成立。

时过境迁,物是人非。

而今,只留下这碑刻,在安庆博物馆展出。"辅仁局""安庆辅仁局碑记"两块碑刻,它们见证了乐施好善的中华民族传统美德,助人为乐,倡导行善积德的行为,这是中华传统优秀文化的一部分。

民国安庆森林公园及《棠荫亭记》碑刻

2021年9月11日,由安徽洪运房地产开发有限责任公司提供信息,在市华中路北一巷西侧施工工地发现一方铭文《棠荫亭记》的碑刻,我馆考古部人员将该碑完好无损运回安庆市博物馆,现置于黄镇生平陈列馆庭院西墙收藏。

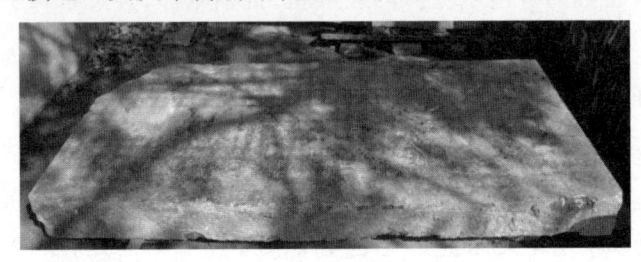

图4-3

该碑长197厘米,宽90厘米,厚16厘米。

碑刻原文:(楷体)

棠荫亭记

宣统辛亥,安徽士民感宁州朱公戊申十月定敌之功,既立亭于余忠宣墓左偏,刻像其中,又于城东门外公园筑棠荫亭,群属永概为文,以纪功绩。永概于是而言,曰:淮泗之上,自古产兵地也,其民雄杰劲直耐劳苦。往者四方有事,言招募者必来,安徽征军制行于是,淮泗之材限于一省,而司藏空乏,又不得成镇,且限于一壁垒,甫立心志未固,乘以异说,流言滋多,一月数惊逮乎。

戊申,朝廷集江南、湖广之军,会操于太湖。皖军以初成,不克与时,公受任未月,即赴太湖。两宫变起,天倾也。及闻信驰归,日加申始。至□□中,马炮乱起,公戎服登陴,躬冒弹丸,督士守御。次日黎明,命将调江南师,船击之众即奔溃。时乱者不过若千人,疑而逃者若千人,敛军待命者十居七八,而议者佥曰新军不足恃,而公不动不迁,叛者诛,怯者遣,勇者留,单骑入营,晓以大义,人心咸定。逾年征补缺额。又逾年公见军之可用也,请于朝分马营三队,先后驻庐州,又遣步队二营巡戍北方。戎服入市者恂恂无骜色,民欢接若家人。故论公之功,仓卒定变功,诚伟矣!然其择将弁,勤教训,感之以诚,驭之以整。昔者人谓新军何,今者人谓新军何,使国家不致因一时狂狡之行,弃其腹心干城之用,挈此较彼,孰巨孰细,斯固事理章明,不可诬掩者也,众皆曰然。

公政绩多而筑亭,本谋则□戊申事政不备。

宣统三年四月桐□□□概记,怀宁邓艺孙书

(碑文中□字为辨析不清字)

碑文中"桐□□□概",为桐城姚永概,碑文已述:"群属永概为文,以纪功绩。"姚永概字叔节,安徽桐城人。碑文为姚永概撰文,邓艺孙书写。内容主要记载了驻扎在安庆的新军马炮营革命起义,清安徽巡抚朱家宝坐镇省城督守,并调动江南水师炮击,后马炮营起义失败,立碑以记巡抚平乱功绩。

1908年11月19日夜,熊成基、范传甲等趁清政府在太湖举行新军秋操,城内清军空虚之际,发动驻扎城西的马营(骑兵营)和驻扎东门外的炮兵营,相约举火为号,同时起义,先夺取菱湖嘴弹药库,会同北门外测绘学堂的步兵营围攻安庆城。因预定为内应的驻在北城百花亭内的步营队官薛哲,未能及时打开城门接应,致使巡抚朱家宝加强了城防戒备,起义军苦战一昼夜后撤退,熊成基率军退至合肥,后只身逃往日本,残余部队散去,马炮营起义宣告失败。马炮营起义,是醒华第一枪,启武汉之先声,是辛亥革命威武雄壮的前奏曲。辛亥革命胜利后,民国安徽省政府为纪念熊成基、范传甲两位烈士的功勋,将原英果敏公祠改建为熊、范二烈士专祠。1981年市政府将修缮一新的专祠辟为安庆市博物馆。

20世纪八九十年代,安庆业内学术界就"马炮营起义"中的"马炮"两字的先后顺序,争持不休,文物部门坚持"马炮营起义",而另持"炮马营起义"一方,依据理由为"炮营先发",相互争持,各持一说。这次新发现的碑刻记载,"马炮乱起,公戎服登,躬冒弹丸,督士守御",说明此事件中,确实与今"马炮营"起义的顺序吻合,这符合对发生的历史事件名称的定名,碑刻内容也解决了多年的困惑。

立碑歌功颂德的主人是朱家宝。朱家宝(1860—1923),字经田,云南华宁县宁州镇人。官至安徽、吉林巡抚。他是清末安徽最后一个巡抚,汉人,任职时间在光绪三十四年(1908年)六月至宣统三年(1911年)九月。光绪十八年进士。选翰林院编修,再授礼部祭司,后历任直隶平乡、新城、南和知县。为直隶总督袁世凯所赏识,被袁推为"近畿循吏第一",升保定知府,被派往日本考察政务,回国后升任江苏按察使。光绪三十二年(1906年)由东三省总督徐世昌荐为吉林巡抚,未赴任,三十四年(1908年)安庆起义后移任安徽巡抚。朱家宝取法黄庭坚,工书法,清末地方上略有名。著有《海藏园序》《廷尉天下之平论》

等。朱家宝1908年11月镇压了马炮营起义,他既是镇压新军起义的清末安徽巡抚与提督,武昌起义后却又摇身一变,成了安徽独立的都督,最后江西"浔军"进入安庆,乱军烧抢,朱家宝落荒而逃,越墙跳进天主堂,由神父掩护下逃出安庆城。朱家宝其他有关情况,地方志、文献资料等均无记载。

碑文"又于城东门外公园筑棠荫亭",就指东门外的森林公园。当时省城安庆有两座公园,菱湖公园和森林公园。有关东门森林公园,民国程晓苏著《安庆旧影》有记载:

清光绪二十七年(1901年),广济圩溃,巡抚王之春急派兵加筑护城圩,使公园等处,未受淹没,志艳称之。是当时已有公园,特名未立耳。三十三年(1907年),巡抚朱家宝四周浚濠,中横溪间,与菱湖通,溪濠两岸皆植树,花畦苗圃,错杂其间,前抵演武厅,辟为农事试验场,溪涧间建有石桥及板桥,其西建平房三间,大楼一座,东与北处建亭榭。有纪念碑镶(嵌)大楼之壁。姚叔节撰文,其颂扬朱抚与大观亭下纪念功碑相似。邓绳候有联云:澄清一江流,裘带雍容,把酒话湘乡而后;参差万云木,烟村隐现,凭栏诵召伯之诗。亦对朱抚而作。朱抚以袁世凯私谊而助袁称帝,袁死又参与宣统之复辟,其为人可知。抚皖时能下士。自古文人多重情感。杨子云、蔡伯嘈皆坐此弊。民国元年(1912年),青年军军监兼主血报韩蓍伯,为白某所刺杀,葬于大楼之阴,又相率颂韩,而颂朱之碑仆矣。园初名皖江公园,后以大树撑天,浓荫蔽地,人遂以森林公园呼之。刘镇华建亭名曰幽风,亦以园在农郊故耳。城东辟小东门菱湖路,后又于石家塘辟门以通华中路,路旁梧桐,绿已成荫,春夏之交,游人益盛,都市尘嚣,人多目为屠杀场,有此硕大之林园,以转化空气,未始非民众卫生之一道也。

说明公园当时已立,只是没正式命名。初名皖江公园,后以大树撑天,浓荫蔽地,人们又以森林公园称呼。1907年巡抚朱家宝浚濠、植树等,环境大为改善。尤其公园的范围,也述说清楚,溪濠与菱湖相通,往东抵达演武厅,那里辟建农事试验场,从老城墙往东,菱湖路至农事试验场和华中路往东至农事试验场,这片区域范围。在其西建平房三间,楼房一座,东于北处还修建亭榭。姚叔节撰文的碑镶嵌在楼房的壁上,就是宣统三年(1911年)书此《棠荫亭记》石刻。碑文中有"民国元年(1912年),青年军军监兼主血报韩蓍伯,为白某所刺杀,葬于大楼之阴,又相率颂韩,而颂朱之碑仆矣"。韩蓍伯,即韩衍,是安徽省辛亥革命的先驱、志士,参加"岳王会",是辛亥革命安徽光复重要的策划者、组织者,革命青年军的创始者,爱国革命诗人。在安庆创办全省第一份报刊——《安徽船报》,积极宣传革命主张。在1912年春,他时任青年军总监,在同安岭(今龙山路段),不幸遭到第二次暗杀身亡。为此,民国时期为纪念先烈,在此处立韩衍碑,并将歌颂大清最后一个巡抚朱家宝的碑刻置地放倒。

碑刻撰文者姚永概,程绍颐著《安庆历代名人》有载:姚永概(1860—1932),字叔节,号幸孙。桐城人,永朴弟。光绪十四年(1888年)解元(乡试第一名)。试礼部不第,乃客于两淮盐运使江人镜幕,颇受器重。人镜亦负时望,在学术界有一定影响。已居江南学政王先谦幕,助其校勘《续皇清经解》等书。光绪二十九年(1903年),安徽高等学堂创立,永概受聘为教务长,规划章程,延聘名师,规模渐具。三年后,调任安徽师范学堂监督,擘画益勤。光绪三十三年(1907年),赴日本考察学制,图革新教育。民国元年(1912年),任北京大学文科学长。其时笃信桐城派的林纾亦在该校任教,两人志趣相同,结为知己。民国三年(1914年),清史馆成立,与兄永朴同被聘纂修《清史稿》,撰写《名宦传》。民国七年(1918年)被聘为正志学校教务长。民国十二年(1923年),疡生于颐,返回家乡桐城养病,次年六月病故。著有《〈左传〉讲义》《〈孟子〉讲义》七卷、《东游自治译闻》《慎宜轩日记》《慎宜轩笔记》十卷、《慎宜轩诗集》八卷续一卷、《慎宜轩文集》《慎宜轩文稿》《辛酉论》《桐城姚氏诗钞》《尺牍选钞》《慎宜轩古今诗读本》等。

碑文书丹者邓艺孙(1858—1913),字绳候。怀宁人,为邓石如曾孙。同治十二年(1873年)邑庠生。幼年丧父,随祖父传密在湖南读书。光绪三十一年(1905年)应赵伯先、李光炯、苏曼殊之邀,任安徽公学监督(训导长),宣统年间,任安徽优级师范学堂斋务长(总务长)兼经学教员。民国元年(1912年),任安徽省教育司司长,创办省立图书馆、省立中学、女子师范学堂等。民国二年(1913年),任安徽高等学堂校长,未及两月病逝。诗文书法皆清回绝俗。陈澹然尝称其与鲁震为怀宁二怪。著有《〈离骚〉解》《〈毛诗〉讲义》《〈尚书〉讲义》,均未刊行。邓绳候游览森林公园,曾留有诗一首:澄清一江流,裘带雍容,把酒话湘乡而后;参差万云木,烟村隐现,凭栏诵召伯之诗。

现今森林公园已不复存在,留下的只有菱湖公园。《棠荫亭记》碑刻的新发现,唤起我们对民国时期省城往事的追忆。

蔡仲贤《请仙问世局》手迹、金鸡碑及戏神阁

2012年11月,由安庆收藏家张庆先生捐赠的蔡仲贤《请仙问世局》手稿,在安徽中国黄梅戏博物馆展出。引起媒体和黄梅戏研究学者们的关注。蔡仲贤作为黄梅戏早期一位承上启下的重要人物,陆洪非著《黄梅戏源流》中曾说:"望江蔡仲贤是安徽最早的黄梅戏艺人,截至目前,在所搜集的有关黄梅戏源流的材料中,早于蔡仲贤的,尚未发现。"说明黄梅戏早期有关的文物与实物资料十分稀少,这件蔡仲贤《请仙问世局》手迹的出现,弥足珍贵。

蔡仲贤,字国清,诨名蔡老五。同治四年(1865年)十一月十三日出生于望江县香茗山南麓蔡家大屋(今麦元乡中山村),民国三十一年(1942年)殁于至德县(今东至县)马坑乡后河蔡坑,终年78岁。原为徽班艺人,后改唱黄梅戏。18岁成名,戏路广,戏德好,生、旦、丑兼擅。在唱腔上将徽调、怀腔和当地民间曲调融合到黄梅戏中,自成一宗派。光绪年间在家乡组织黄梅戏班社,民国二十年(1931年),又在家乡开办科班,致力于课徒授艺。黄梅戏史上第一个女演员胡普伢便师承于他。蔡仲贤是将黄梅戏从小戏过渡到大戏的艺人,也是目前已知最早的黄梅戏艺人。他善演旦角,又是多面手,一专多能,是黄梅戏的开山鼻祖,被后人尊称为黄梅戏"祖师爷"。其父蔡品端系本地徽班艺人。光绪二十年前后,采茶调在蔡仲贤师徒的演唱过程中,受安徽民歌小调和"高腔""平安调"以及"徽调"的影响,逐渐发展成具有蔡仲贤风格的地方小戏的黄梅调,已故的黄梅戏艺术家严凤英是他的第三代嫡传弟子。

蔡仲贤《请仙问世局》手迹原文如下:

四月初一夜请仙问世局(到)老土地福建欧阳氏是也。乐无涯乐无涯,金□菊下牡丹花,一只天竺墙西立,却乘狂风舞婆娑。盘内糕四片,壶中酒不余。(笑哈哈)夏雨初晴紫气华。(酒)来如天边月,去似岭北风。酒酌乩坛内,今宵乐意浓。(酒)今众生求仙,吾已路径南域,转向西池。望一大仙降坛,现尔故地。茗山梅大仙前来,尔等接之,小神傍立。

(梅仙到酒酒酒)韶光扫地夜无穷。任我西来又转东。忧雨不嫌求雨谈。灯光那有烛光红。(酒酒酒谐生勿笑酒)狂雨细雨绕仙坛,一片浮云射牡丹。今日临坛追汉武,不嫌鄙陋傲清谈。(酒)徘徊绿野夜蜻鸣,秧插淑田万里青。酒

酌乩坛灯灿烂,隔窗遥听读书声。(酒哎)吾神身在西汉,心莫正于此时望也,(酒哎)当今时局,滕(惨)烈难堪。(酒)金鸡叫,黄犬忧,秦开蜀地听猿猴。说什么三民主义,讲什么五法平乱,中央赤匪却为忧。转眼黄花又有,看来时局最堪忧。莽莽乾坤莫求,怕只怕乌谐出现,红日当初,恰逢黑鼠乌金牛,杀进胡儿走之。那时四海如宾服,万邦乐咸休。谐生今夜问根由,不把天机泄漏。(酒)云游四海夜翱翔,雨漾茗山独我忙,幽谷不嫌蹊径路,绿杨斜倚罩东墙。今众生求我,一无壶中美酒,二无盘内佳肴,红烛无光,烟香鱼漂。吾亦何以观之哉?(酒)不焉上茗山,洞中饮一滰,谐肴并果品,一醉把经谈,去。

壬申年蔡仲贤

民国的壬申年,按时间推算,即1932年。蔡仲贤1865年出生到1942年去世,这期间有两个壬申年,一是1872年,二是1932年。1872年时蔡仲贤年仅7岁,写出这类词文可能性小。依据在文内"三民主义""中央""赤匪"等类词语,推测应在1921年中国共产党成立后至抗日战争这段时间内,因此该《请仙词》手迹时间应是1932年。"四月初一"是农历,换算成阳历就是1932年5月6日。1932年,蔡仲贤已是67岁的老人,据有关材料记载蔡仲贤晚年生活清苦,主要是靠他的侄子和几个徒弟供养。

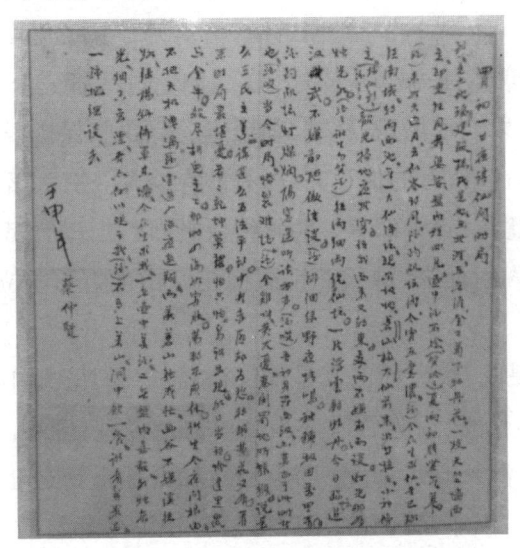

图4-4 蔡仲贤《请仙问世局》手迹

1931年日本关东军制造了九一八事变,蒋介石电令张学良"力避冲突,以免事态扩大",10余万东北军主力不战而撤至山海关以南。日军随即占领辽宁、吉林、黑龙江3省。9月20日，中共中央发表《中国共产党为日本帝国主义强暴占领东三省事件宣言》，强烈谴责日本的侵略暴行，要求日本立即撤出在华的一切军队。与此同时，鄂豫皖革命根据地中国工农红军第四军团正在组建，而国民党蒋介石却调集14个师、4个旅的兵力，向鄂豫皖革命根据地发动了大规模的第三次"围剿"，兵败黄安、商城后，又于1932年3月纠合重兵进占皖西苏家埠、麻埠等地，继续向我根据地猖狂进攻。我红四方面军在徐向前总指挥的统一率领下，进行了苏家埠战役，苏家埠战役历时48天，红军以2万余人，在地方武装和人民群众的配合下，歼敌3万余人，解放淠河以东广大地区，取得鄂豫皖苏区空前的大胜利。这是蔡仲贤手迹所述的当时国内时局背景。

一尺见方幅度的手迹，字体行楷，似有练帖痕迹。

手迹"金□菊下牡丹花"句中"□"字辨析不识。四处谐字右下角缺少"白"字，疑为蔡仲贤的祖辈含"谐"字，避讳。避讳，是对皇帝或祖辈姓名中某字，不能直言重复，这是不敬，在书面上，是一种尊敬的习惯。为此，去掉"白"字，当为此理解。

"茗山"是指望江的香茗山，位于望江县麦元乡和鸦滩镇之间，南起麦元分亩岭，北抵鸦滩褒隐寺水库，全长10余公里，早在汉朝就有名气，西汉南昌府梅福曾隐居此山。唐李白、罗隐，明解缙，清翁傅等驻足流连，留下脍炙人口的诗篇。元末朱元璋、刘伯温，明末史可法，清代太平军石达开曾在此征战和扎寨。昔有悟法寺、果老道场、寨林庵、朝阳庵、贵烈祠、保悟楼、三圣殿、弥陀庵、凤楼庵、褒隐寺和古塔，有的保存完好，有的在修葺。有大茗、二茗、三茗等峰，莲花峰形似并蒂莲花，耸秀郁葱。明解缙诗赞曰："山崖殷窦簇朱砂，香茗丛生蓓蕾芽。采药道人何处去，洞云深锁碧桃花。"山上奇石林立，石洞幽深，茂林竹秀，别有情趣。

手迹中多次提及"梅大仙"，其是西汉梅福，字子真，九江郡寿春（今安徽寿县）人。少年求学长安，后为西汉南昌县尉，去官后归寿春。梅福最初隐居于南昌城郊之南，今青云谱处，垂钓于湖。东汉时，他垂钓之处被称为梅湖，并建梅仙祠祀奉梅福。汉平帝元始年间，梅福料知王莽必篡政，乃隐居于南昌西郊飞鸿山学道，遁避尘世。后人赞赏梅福的高风亮节，将飞鸿山改称梅岭（即今国家级森林公园梅岭），并建梅仙观、梅仙坛、梅尉宅以祀之。梅福曾在泰宁栖真岩炼丹修行，岩内至今保留其炼丹的石炉。

公元八年,王莽篡位称帝,改国号新。梅福逃避王莽的挟嫌追究,离家去了海昏(今江西永修县),卒于吴门(今江西永修县吴城镇)。南宋绍兴二年(1132年),高宗赐封梅福为"吏隐真人"。明万历三十五年(1607年),在南昌西湖南岸建造吏隐亭,又名梅仙亭,民国十九年(1930年)重修,并立石碑,与孺子亭对峙。

蔡仲贤《请仙问世局》手迹,如果从现代人的角度,来揣摩此文之意,是非常晦涩、难懂,不知所云,还多有强牵附会之嫌。手迹词文,有两段内容,有些疯疯癫癫,近似胡言乱语状,但细心辨析,也有内在规律,类似做法事道人的念词,押韵上口,可以按韵脚演唱,内容是请茗山的梅大仙问这民国的战乱时局。

从巫傩文化中看,有些类似傩事过程的记录,会发现语句排列整齐、押韵,朗朗上口,结构严谨,层层递进,有些反复重叠,多次叠唱,全是口语化,粗糙但不失生动,形象逼真,逻辑性很强。有些犹如牒文、告示之类文本,是受佛、释、道思想的影响,有些则受当时当地文人文风影响,其中的篇章结构、行文造句,大胆使用了骈文,与巫傩经文的文风大相径庭。这些内容,有可能是熟悉巫傩文化的文人代写的,也有可能是巫师本人有一定的文化水平写出这样的文章。蔡仲贤《请仙问时局》的手迹,主要还是研究做法事中用于演奏与演唱的戏曲部分。

戏曲是从宗教中分离演化而来的。比如现在的戏曲最高金鸡奖,为什么会是鸡,不是其他动物呢?这与戏曲的历史有关,因为鸡在道教中,相传是生殖崇拜的神,不孕的男女或者期盼生育多子的信教徒,每逢良辰吉日,黎明之际,前往扎坛的山头祭台前磕首祭拜,敬拜鸡神求子。场面热闹,人头攒动,烟雾缭绕,香火不绝,做法的法师,念起咒语,抑扬顿挫,忽高忽低,中间兼有唱说的经文,与祭拜的鸡神通灵、施法。通常每次祭拜前有一个敬神仪式,有戏班子开唱,优伶戴着傩戏面具,有歌有舞,演唱早期娱神的歌舞节目,因此唱戏和敬拜鸡神之间,有了不解之缘,这就是今天戏曲金鸡奖的来源。安庆怀宁的金鸡碑,也有这个缘故,在山头扎坛祭拜金鸡遗留下来的。

怀宁金鸡碑,《安庆文化志》载:位于怀宁县洪镇乡学堂村,为清代戏神碑。金鸡碑通高1.1米,宽0.75米,立于高约1米的天然岩石前,前有石雕供案。碑边线刻缠枝花纹,碑文楷书正文"金鸡社令正直之神位",碑首两侧冠"日""月"二字。上款"庚戌岁季冬月旦众生祀奉",下款为立碑人"本社"的"位官""位士""生员""杨文堂"等25人姓名。碑身基本完好,仅边缘有残破。五猖神庙碑在金鸡碑东南侧,高0.9米,宽0.6米。碑额横行楷书"五猖庙碑记",正文四行记述建庙缘由,后为捐款建庙者20余人名单及捐金数额,下款"大清嘉庆□□年大吕月立",碑边缘有残破。"金鸡"为旧时社戏所祀之神,属道教系统,源于传说中"二郎神"身边的"金鸡""玉犬",是旧时演唱愿戏所祭祀之神。金鸡碑和五猖神庙碑,对研究宗教祭祀所进行的酬神娱人活动乃至戏曲的产生和发展有参考价值,是重要的戏曲文物。碑所在地怀宁是古老的剧种"夫子戏"流行之乡。1986年7月,安徽省人民政府公布两块碑为省级文物保护单位。

前些年,曾与怀宁县文物局金晓春局长聊及金鸡碑一事,他曾慕名拜访福建另一块金鸡碑,不曾想已经找不到了,甚是遗憾。当时,全国仅有两块金鸡碑,今天看来只剩安庆怀宁一处了。

图4-5 戏神阁

安徽中国黄梅戏博物馆收藏着一件非常神奇的文物——戏神阁,木质结构,插满了戏曲人物雕像。造型为镂空的屏风,展开四只脚,就似一件小型供奉的神台。四脚雕刻传统的如意纹、波浪纹、回纹等纹饰,脚上头为雕刻的龙首,上插四只雕工精细羽毛丰满展翅的神鸡,鸡冠雄性明显,脚下还雕刻有钱纹。横梁板上均雕刻满戏曲故事人物、八仙法器等。四个雀替雕刻着蝴蝶雕像,阁架下均匀插7个雕刻的戏曲人物,阁架上插9个戏曲人物木雕像,人物面部表情各异,惟妙惟肖,栩栩如生,阁架上中心为一个阁台,三只狐仙攀爬在硕果支架下,面面相对,嚼食硕果,顶正中插一位束发打坐似道教天师的男子雕像,两边插2个戏曲人物木雕像。整个阁架上共19个人物雕像。因阁架上插满了敬拜的戏神,因此称之为"戏神阁"。应该是早期民间戏班(社)开戏之前,上香祭拜供奉的梨园诸路戏神,期盼诸神保佑演出成功和乞讨戏迷施舍颇丰。

蔡仲贤《请仙问世局》手迹、金鸡碑及戏神阁,都是早期戏曲发展遗留下来的实物,为后人专业研究本区域戏曲,提供了翔实的文物资料。

安徽辛亥革命奇士韩衍事略

民国时期,安徽省城安庆纪念辛亥革命先驱烈士的墓园有三处:一处是西门九烈士墓园,在西门外五中后山,安葬有吴樾、范传甲、张星五、周正峰、张劲夫、胡文彬、刘志贤、李朝栋、薛哲;第二处是北门烈士墓园,原市殡仪馆内,安葬有张汇滔、张永正、骈绣章;第三处是东门森林公园,原农科所处,安葬有韩衍、马宗汉、陈伯平。

其中,民国安徽纪念辛亥革命奇士韩衍墓碑,1981年入藏安庆市博物馆,现藏于熊、范二烈士专祠内。当时有关征集信息、来源、具体细节,不详。

图4-6 民国安徽纪念辛亥革命奇士韩衍墓碑

墓碑原文如下：

韩先生衍字薯伯。以志在革命救国，阴释党人，忤清总督袁世凯意，几死，遂循迹江海上，益奋力以文字唤醒民众。其指斥时政，刺讥当道，尤不稍慑顾。虽黄金在案，白刃当胸，卒不以利害夺其志气。民国纪元前一年，义师起于汉水，风云色变，草莽潜滋。时皖中同志亦密谋相应，金诚克服，反侧旋定，先生之力殊多。先生以国基未固，大难方殷，将欲弭内忧、绝外患，用张我师旅，唯忠勇有为之死士，故先生精选五百学生成青年军，晨夕讲话，听者感动。先生才雄气盛，有睥睨一世之慨，于民国元年春，竟为奸人狙击以死，使其志不获伸，才不足展，惜哉！先生生平不爱钱，秃笔之外无长物。夫人朱氏，惟持针工养子女，虽饥寒迫切，未尝累其夫。有讥之者，漫然应之曰："吾夫为国耳。"然终以此成先生之名。先生有子女各一：曰雁门，曰绣兰。先生卒年四十岁，后十有八年，安徽省政府追念先烈，因其墓地特为修建，用垂哀荣。爰述其生平为之铭。铭曰：

苌弘化碧，精卫填溟；

哀哀先生，深死冤沉。

国难未已，梁木先摧；

彼苍者天，独孕奸回。

江水汤汤，龙山在望；

菱湖之畔，云与彷徨。

呜呼先生！卜此永藏！

李辛白敬撰

江　辛敬书

中华民国十九年四月建

注：碑文楷体阴文。

韩衍，字薯伯。江苏丹徒人，有关祖籍学者们无争议，而韩衍在民国元年，将籍贯改为安徽和县，"占籍"安徽？与他在安徽和县成长有关？资料缺乏，待考。号孤云，其在安庆创办《安徽船报》，且有署名"孤云"的文章。

韩衍是安徽省辛亥革命的先驱、志士，参加"岳王会"，是辛亥革命安徽光复重要的策划者、组织者，革命青年军的创始者，爱国革命诗人，也是安徽辛亥革命运动中功居第一的舆论家，留下了不可磨灭功勋。

1911年10月10日辛亥革命武昌起义后,全国各省纷纷响应。清安徽巡抚兼提督朱家宝,闭城固守,不敢贸然进犯。当时清陆军三十一混成协,编制为两个标,胡殿奎统领步兵六十一标,驻扎五里庙护城圩内旧机场,顾琢塘统领六十二标,驻扎集贤关外,马营驻扎在教养院,炮营驻扎迎江寺东棋盘山。省城由吴旸谷为首,积极奔走联络新军,集结社会革命志士,多次在奚家花园旁的翠萍旅馆秘密集会,准备筹划清两标皖省城驻军内部进步人士起义,并制定了周密计划,吴旸谷、王孟起负责联络巡防营,胡万泰、陈雷负责联络六十一标官兵,史沛然、李乾瑜负责联络六十二标官兵,韩衍、杨佩龙负责督练所、咨议局、高等师范学堂等。10月30日炮营陈安仁、吴士英起义。因计划不周密而失败,第二天六十二标史沛然举义,并会同测绘学堂监督王天培部,几次进攻安庆城,城中朱家宝的清军警觉,提前防范,起义军失败,被迫停止进攻,史沛然离开安庆。

11月8日,革命党人王孟起率领卫队首先抢占巡抚衙门,通知驻扎安庆各路义军代表、咨议局人士等汇集在省高等审判厅,商议后决定宣布安徽省独立。王天培推荐吴旸谷为都督,吴旸谷竭力推辞,后改推安徽巡抚朱家宝为都督,王天培为副都督。朱家宝是袁世凯势力的人,摇身一变成皖军都督。因王天培与朱家宝为安徽都督一职之争,11月13日江西都督马毓宝派遣黄焕章率领一支浔军,来皖支援安徽辛亥革命。谁知进城没几天,黄焕章的浔军15日便开始掳掠商店当铺,抢劫军械所、藩库,枪杀无辜群众6人,火烧四牌楼店铺以及城北一些当铺,趁机抢劫。变乱之际,朱家宝从天主堂逃脱,由神父暗中相助逃出省城。吴旸谷闻讯浔军暴行,义愤填膺,从芜湖赶回,不听劝阻,将自己生死置之度外,直接找浔军论理,面斥黄焕章种种逆行。黄焕章恼羞成怒,立即扣押吴旸谷,竟于11月18日夜将吴旸谷枪杀。全省各界人士闻讯,无不震惊,扼腕痛惜。

当时浔军盘踞安庆,整个省城社会治安处在混乱、失控状态。由胡万泰、史沛然、王孟起、潘缙华、王天培、潘赞化、陈仁安、史恕卿、邓绳候、洪思亮等,在城外测绘学堂成立了"皖省维持统一机关处"。推选韩衍为秘书长,潘缙华为省会警察厅厅长,潘赞化为将校招待所所长。同时,由韩衍、易白沙、管鹏等成立青年军,积极招募省直属中学、高等学校进步青年学生加入,参加备战军训,作为未来国民政府军队的基础。由于新聚集起来的部队没有实战经验,用武力驱赶盘踞省城的黄焕章浔军,比较困难。在这种情形下,大家还是推荐韩衍出面,用公函的方式,先礼后兵。出乎意料,黄焕章接到韩衍公函后,连夜率兵返回九江。便有后来省城盛传"万口怨声驱不去,一书数语退强兵"一说。

当时,安徽省都督孙毓筠未上任前,省府各司人选已定,洪思亮为民政司司长,史恕卿为财政司司长,桂丹墀为军政司司长,邓绳候为教育司司长。并创立民国全省第一份报纸《安徽船报》,由韩衍任社长,社址设在当时马号后怀宁驿。

碑文"虽黄金在案,白刃当胸,卒不以利害夺其志气"。是指他第一次被刺杀。韩衍1908年来安庆,参加了由陈独秀领导的反清秘密团体"岳王会",熊、范二烈士起义失败后,韩衍与宋玉琳为"岳王会"安庆分会的负责人,与孙养癯、高语罕、朱蕴山等合办《安徽通俗报》,用通俗的白话文,猛烈抨击时弊。1910年《安徽通俗报》揭露清当局向英国商人麦奎等人出卖铜官山矿权的卖国行径一事,在安徽影响很大,为此得罪地方恶势力。这期间,他第一次受歹徒暗杀,身中五刀,所幸没有伤及要害。韩衍伤愈,立即在报上发表《告刺客书》:"今有投函本社曰:有人谋我,嘱我戒备。信耶?伪耶?果尔,孤云为天职而死,何戒备之有?孤寂洼前,增我尺土梁鸿葬。"

第二次是在1912年春,他时任青年军总监,在都署商议军政要事,夜晚返回,在同安岭(今龙山路段),不幸遭到第二次暗杀身亡,倒在血泊之中,年仅四十岁。

韩衍是安徽青年军的创立者,创建目的,碑文也曾记载:"先生以国基未固,大难方殷,将欲弭内忧、绝外患,用张我师旅,唯忠勇有为之死士,故先生精选五百学生成青年军,晨夕讲话,听者感动。"辛亥革命之前,韩衍就参加了"岳王会",岳王会是辛亥革命前安徽秘密革命的地下组织,前身为清末安庆教育家李光炯在湖南长沙创办"旅湘公学",1904年迁到安徽芜湖后,改名"安徽公学",由陈独秀、柏文蔚、常恒芳秘密建立一个"岳王会"革命组织。1907年徐锡麟起义失败,1908年熊成基、范传甲起义再次失败后,安庆"岳王会"革命同志失散,安庆分会负责人是宋玉琳、韩衍。宋玉琳于1911年2月率江淮革命志士97人至广州,谋划起义。临行前,朱蕴山邀韩衍专门为之送行,并赠诗一首:"慷慨数恩仇,苍茫万里舟。此行各努力,相约白门秋。"此时,"岳王会"安庆分会负责人是韩衍。

辛亥革命武昌起义成功后,由韩衍、易白沙、管鹏等创建青年军,一是维持当时的皖城社会治安,二是为将来民国革命政府筹备组建革命武装力量。以革命基础较好的陆军小学、测绘学堂、尚志学堂的青年学生为主,分有皖南、皖西、皖北三个队,都是从全省爱国进步学生中招募而来,年龄在18至25岁,大约500人,韩衍亲自任皖北队队长兼总军监,易白沙、管鹏分管其他两个队。学员入伍时,须填写志愿书,要求服从纪律,立志献身革命。青年军官兵一致,同吃同住同训练,这是以前任何旧军队都做不到的。他精心训练青年军,每周都去军营为青年军官兵讲课,并自编讲义,题书名《韩衍子》,创办《青年军报》,在为青年军办的机关刊物《血报》中,韩衍更是热血满腔地激励青年:"以言破坏,则以血洗乾坤;以血建设,则以血造山河。公理所在,以身殉之,则以血溅是非。"以其锋芒毕露的犀利文字,抨击时弊,宣传民主、自由、公平进步的革命思想,鼓舞人民反封建、反独裁的斗志。

青年军创建源自韩衍的诗句"弹丸"二字,取炸弹与子弹之意。"须以一粒铁弹丸,使万众不苦饥","我一枪一弹以至仁杀至不仁"。其"杀机沸天地,仁爱在其中"流传极广。当时南北和议正在酝酿之中,韩衍竭力反对南北和谈,誓师北伐,号召青年军反袁北伐,革命到底。南北和议后,北方袁世凯竭力排斥孙中山,独揽国政。韩衍捶胸顿足,对北洋官僚呼名指骂。同时,谋划扩建青年军以期光复,渴望"与君一扫匈奴窟,为执军前'人'字旗",他弃青天白日旗和五色旗而不用,设计了一面"人"字军旗,旗帜为红地上缀一黄色大"人"字,表示要为捍卫人道而战,维护扰攘无主之省政,保卫地方。韩衍执掌青年军,以不妥协的革命精神,在安徽独树一帜,颇为皖督孙毓筠赏识,委以军政要务重任。韩衍被刺身亡后,青年军被迫解散。

韩衍是一位革命奇士,他的诗句,无不如炽火、闪电,鼓舞民众反对封建独裁统治的斗志。1907年徐锡麟英勇就义后,他写下:"碧血藏来土未干,百年城郭有余寒。此身化作干将去,心似洪炉在人间。"专此纪念。1911年4月宋玉琳在广州起义中被捕,七十二烈士壮烈牺牲,血洒黄花岗,他作《吊宋玉琳烈士》《吊黄花岗烈士》,寄以哀悼:"袖翻海水入羊城,千里东濠夜有声。所欠故人惟一死,头颅掷地作雷鸣。""自将血洒尉佗官,慷慨田横有此风。七十二人同日死,夕阳芳草古今红。"李铎陆续收集韩衍发表的诗歌,用其居题名为《绿云楼诗》辑录一册,内收诗歌五十二首。高语罕化名"王灵皋"编辑《绿云楼诗存》，辑诗百首之多。

有关韩衍夫人朱氏，碑文提及，夫人朱氏，惟持针工养子女，虽饥寒迫切，未尝累其夫。有讥之者，漫然应之曰："吾夫为国耳。"然终以此成先生之名。先生有子女各一：曰雁门，曰绣兰。

朱氏，为真实姓名。而林红叶，是夫人的笔名。韩衍个子不高，不修边幅，相貌普通之人，竟与一位姓林名红叶青年女子有缘，让社会很多人士颇感诧异。红叶蓄有一头乌黑秀发，妩媚秀丽，端庄闺秀，她十分欣赏韩衍的才华，仰慕他有革命志向，常请教诗词之作，日久生情，终结良缘，传为一时佳话。

还有一种说法，韩衍当时颇得江苏南通实业家张謇的赏识，介绍至北洋幕府，任督练处文案。袁世凯十分欣赏韩衍的文采，让其闲余间教公馆里侍女们读书识字，韩衍借机拉拢一名侍女，暗中指使她监听袁世凯的机密，尤其是有关革命党人的重大秘事。由于当时孙毓筠在南京密谋革命被捕，此事牵涉到韩衍，两江总督端方为此曾密电询问袁世凯。事情败露，韩衍携侍女潜逃日本，给侍女起名红叶。结婚时，韩衍特意在安庆北隅四方城购一小楼，用杜牧的《阿房宫赋》："绿云扰扰，梳晓鬟也"诗句，命名为"绿云楼"。碑文提到韩衍："先生生平不爱钱，秃笔之外无长物。"一介书生，本身生活清贫，陋室之中，几件简陋家具，四壁如洗。红叶却并不在意窘迫的困境，她曾说："要做革命党人，就得准备过这样的清贫生活！"而才子佳人，革命志趣相投，更加激发韩衍创作激情，寓居绿云楼期间，诗情佳句勃发，佳作不断，《赠林红叶》："贫到上书南岳后，一时苦说紫衣新。相从匹马林红叶，犹是神州画里人。"描摹出红叶粗服乱发、不掩国色的丽质。韩衍还常在绿云楼中邀宴友人，如陈独秀、朱蕴山、高语罕、易白沙等都是座上常客，他们畅谈国事，诗文唱和。每遇囊中羞涩时，韩衍即典当家物易酒。辛亥年春节时，他手书一副春联，贴在绿云楼大门上，联云：盘中第二，乞丐无双。奇人奇事，传为佳话。韩衍遇害后遗孀红叶变卖掉绿云楼，携稚子雁门、幼女绣兰离开安庆，孤儿寡母，含辛茹苦，以手工针线活，抚养儿女，生活艰辛。

有关墓志撰文者与书家。

李辛白（1879—1951），碑文撰者，安徽无为人。五四时期任北京大学出版部主任、同盟会会员。也是陈独秀、李大钊的挚友，并参与到五四新文化运动中，其他皖籍教授有陈独秀、胡适、高一涵、王星拱、程演生、刘文典等，其还参与北大教授营救陈独秀请愿上街游行。1927年回到安庆,遇到蒋介石制造的"三二三"事变,辗转南京后回到故里无为开办国学讲所,从事教育工作。1937年曾任安徽图书馆馆长。抗战胜利后,李辛白一直居住池州家中。1951年病逝家中。

碑文书家江辛,为安徽宣城旌德县江村人,民国五要员之一。江辛(1873—1946),光绪年间优贡,旋中本科举人,并钦点主事。1911年加入孙中山同盟会,先后参加辛亥革命、广州起义、省港大罢工和北伐战争等。北伐后任安徽省教育厅三科科长、省督学,安徽大学文牍,宁郡第八中学校长,宣城师范校长等职。1906年,江辛和清翰林院编修、教育家、族人江志伊创办官立旌阳高等小学堂,为旌德县第一所新学。民国初年,政府曾委派江辛任颖上县知县,因其不愿从政而未赴任。江辛终身从事教育,爱好书法、诗歌,有《宁属六县联中校歌》(江辛作词)留世。词为:"宣州沦陷寇氛张,校址远徙旌西乡。四山环绕好风光,弦歌不辍武维扬。生徒分集志坚强,分校宣泾并飞翔。誓灭顽敌驱豺狼,千秋万岁中华长!"其长子江康世、次子江强世均为教育工作者,堪称"教育世家"。

熊、范二烈士专祠祠记考略

2011年是纪念辛亥革命一百周年,作为千年古城、百年省会、国家历史文化名城的安庆,素有"文化之邦""戏剧之乡"之誉,清乾隆二十五年(1760年)至民国二十六年(1937年)一直为安徽省省会,是清末洋务运动、近现代新文化运动的源头,有关辛亥革命时期的遗存十分丰富,较典型的是熊、范二烈士专祠。

图4-7

1908年10月26日,革命党人熊成基召集范传甲、张劲夫、薛哲等人,在安庆城西三祖寺杨氏会馆召开紧急会议,密商举义之事,决定趁"国丧"之乱、秋操之机,率安庆的马炮营发动安徽起义,熊成基以安庆革命军总司令身份颁布作战密令13条。1908年11月19日,熊成基在安庆东城外棋盘山率先起义,因安徽巡抚朱家宝得知消息带兵回安庆戒守,起义失败,范传甲被捕后牺牲,熊成基后逃往东京。1910年1月,熊成基密谋炸死清廷考察海军大臣载洵和萨镇冰,因叛徒告密被捕,慷慨就义,年仅23岁。

从1905年8月中国同盟会成立至1911年10月武昌起义前夕,安庆的马炮营起义,应该为中国辛亥革命的首义。为此,民国政府为纪念辛亥革命的熊成基、范传甲二烈士,将原清英果敏公祠改建为熊、范二烈士专祠,以纪念在皖牺牲的辛亥革命烈士。

熊、范二烈士专祠,前身为安庆旧观爰曰阁,清顺治十六年(1659年)由怀宁知县马刚解囊扩建家祠,曾题诗以咏:"亭砌连音阁,江烟接子楼。一番云水意,几处夕阳舟。"《怀宁县志》:"大士阁在迎江寺西,邑令马刚建阁。前为四宜亭,后为广嗣殿。"而门额为马刚所题。马刚建阁,时为清顺治、康熙两朝交替,达9年间。关于建阁慈云阁,相传清顺治十六年(1659年),马刚赴四川峨眉拜佛,途遇普陀郎明禅师,其预言马刚将官于濒江之邑。马刚因之誓曰:果若其然,愿建大士刹以谢。十六年后,果然言中。及甫至皖,舟次江干,询其地名,曰:观音港。暗符夙愿。出任怀宁县知县后,"得宰濒江州县,为建大士刹",遂建阁,其上额曰:慈云。瑞祥之云降临兆运之意,禅意颇深。清顺治文人刘余谟(清怀宁人,刘若宰之侄)《大士阁记》所录:"江水自岷江发源,经数千里,汪洋澎湃,过小孤,汇海门,渐委折以朝宗。皖据雄图,俯瞰长江,直襟带然。第岸北循江而东,一浮屠耸立之外,更无高山大麓可砥柱狂澜。又兵燹后,楼亭树都委榛莽,城隈之左遂荒寂,无复壮观。侯以高第令怀,百废俱举,政修人和。登眺所及,见皖东偏一隅较薄,特建大士阁,而前构四宜亭。江山千里,悉罗而至之廊庑间,凡帆樯往来,骚人墨客,莫不舣舟游憩,心旷神怡矣。"大士阁在广嗣殿西,民国七年(1918年)秋浦(今安庆东至县)人北京政府财政总长周学熙奉母命捐资,由迎江寺竺庵选址建造大士阁(现大士阁),多为海内外高僧大德来迎江寺栖身之处,和寺内退居方丈修身之所。慈云阁是否为现专祠楼址之上建造,仍待建筑旧址地下发掘或文献资料记载的新发现,进一步考证查实。后慈云阁因年久失修而相继废圮,清廷三品衔补用道安徽候补知府去白祺于光绪二十七年(1901年)改建为英果敏公祠(即曾任安徽布政使的英翰)。后佛门多次请愿归回寺庙,被清廷拒之。民国元年(1912年),安徽省政府为祭奠曾领导安庆马炮营起义的辛亥革命烈士熊成基、范传甲,将英果敏公祠改建为熊、范二烈士专祠,并立碑以记之。1928年,民国政府下令褒彰安庆烈士,对熊成基"依陆军上将例追恤","熊烈士成基,致力革命,百折不回。于民国纪元前四年冬,首义安庆;嗣因谋刺载洵,事泄捐躯。功在国家,义昭九有。丹枕正气,兴起群伦;缔造共和,允足矜式"。并两次召开隆重的追悼大会,孙中山、黄兴参加了追悼会并共同送挽联:"缅东瀛话别时,世路多艰,内忧方急,叹国士无双,孰料竟成易水谶;自南京告隐后,江山依旧,边患堪虞,悲英雄不在,空教长啸大风歌"。章太炎、柳亚子等也都曾著文、填词悼念。抗日战争时被日寇所占,为长江运输物资转站仓库。后为平民子女小学,中华人民共和国成立后为长江卷烟厂、土产公司仓库。1981年安庆市人民政府将专祠划归安庆市博物馆使用。2004年初起,根据市政府办公室2004年5月第27号《关于协调解决熊、范二烈士专祠(慈云阁)产权纠纷有关问题的会议纪要》、安庆市人民政府2004年11月《第十四届第九次常务会议纪要》及2005年初《政府工作报告》"着手迁建安庆博物馆"的有关精神,于同年底,市博物馆主要办公人员搬出专祠。因专祠为省文物重点保护单位,在"不得改变其独特的革命历史纪念地性质"的前提下,专祠主体建筑仍由市博物馆使用,现举办"辛亥革命在安庆""夏明远书画展",免费对外开放。专祠有幸在文物部门的妥善保护下延续至今,仍保持原有的民国风格。而今,专门纪念辛亥革命烈士的专祠已存世不多,其为后人深入研究辛亥革命史提供了重要的实物资料和历史见证。2009年,由所有权单位安庆迎江禅寺及使用单位市博物馆,以专祠建筑申报近现代重要史迹及代表性建筑第七批全国重点文物保护单位。

专祠坐北朝南,南临长江,面阔20米,进深11米,二层,中间为抬梁结构,两侧为穿枋式结构,后接马蹄通廊,占地面积2500平方米,建筑面积1800平方米。建筑位于缓坡上,依坡势而建,正面墙基较高,门前砌有八级青石垂带台阶,垂带石下端置有石鼓。

建筑具有民国徽派建筑风格,东北毗邻迎江禅寺,为寺庙旁官衙式建筑,石卷门高大、开阔,官衙门气势恢宏,正门额上徽派砖雕,造型生动,栩栩如生。

建筑为单檐硬山顶,外墙为青砖勾白缝,小瓦屋面,屋脊两端各置鸱尾,中间为葫芦形宝顶。明间和两次间各开拱券门,汉白玉门框。正中大门为牌坊门脸,两边各置汉白玉抱鼓石,上方为砖砌牌楼式门罩,正中嵌有"熊、范二烈士专祠"汉白玉门额。两次间侧门上端分别刻有"勋铭""建绩"门额,由烈威将军、前民国安徽省都督柏文蔚题额。墙基、大门两侧墙垛和山墙墀头上有精美砖雕。建筑内外均为通窗,二层有三处精美落地罩,殿后底层有格扇门通往后院,东西两侧接长廊,院内亦有垂带踏步,拾级而上,可达迎江寺广嗣殿。

庭院中西侧立专祠碑刻,碑文如下:

熊、范二烈士专祠祠记

义烈之士,不惜捐躯致命促进共和者,以千百计,而论功绩于皖省者,当以徐、陈、熊、范诸烈士为巨擘,尤当以城地。辛亥之冬,民国成立,分祀安徽诸烈士于省城内外清皖抚英翰文之旧祠,则合祀熊烈士成基、范烈士传甲不忘也。

民国三年四月，奉烈士为一祠。四年八月，准□内务部咨改烈士祠为忠烈祠。追祀民国文武忠烈，复以熊、范烈士祠为忠烈祠。秋致祭，凡死事于皖及皖籍之成仁于他省者，皆于焉。世英奉。

王绅孟起，有恢复民国烈士专祠之请，爰命有司稽考旧章，咨访士论，咸谓仍宜续修忠烈祠合祀。民国列加修葺，由怀宁县知事刘汝洋董其事，计费国币七百八十六元，于壬戌十月竣工，合祀徐烈士锡麟以次。十凡三重重五楹，在东城外一里，与迎江古刹巍然并峙，大江凭其前，浮图倚其后，形式雄壮，丹艧一新。世英教舍身济为宗旨，虽入地狱，而有所不辞。其道至高，其愿至大，故能为数千年人民所信仰。而诸烈士者，前仆后继，视死如归，卒能改革四千余年之政体，以救国福民为誓愿，岂非深得释氏之精意欤！今日者庙殿互相辉映，后之人崇拜诸烈士，将与崇拜吾佛无以异。诸烈士之生灵，其亦可以永垂不朽矣！是为记。

烈威将军柏文蔚题额

安徽省长许世英撰文

安徽省长公署秘书潘淇书丹

怀宁知事刘汝洋督修

委员王嘉启监造

民国十二年一月 日

注：□字为字迹不清、缺字。此碑现存熊、范二烈士专祠内，市博物馆藏。

图4-8 熊范二烈士专祠庭院内景

图4-9　专祠祠记石刻

辛亥烈士吴越名"越""樾"考异

吴越(1878—1905),字梦霞,又字孟侠。辛亥革命烈士,近代中国民主革命家。有关其名"越""樾"之辩,由来已久,考究因由,其肇始于袁世凯幕僚张一麟,为避嫌添加"木"旁一计,再至孙中山烈士墓碑题"樾"字,推波助澜,影响扩大,而"樾"字有悖于史实,徒增后人困扰,真相水火不容,是非曲直,自有公论。为溯本追源,以现存碑刻拓片、文献资料和第一当事人回忆录为考据,逐一澄清史实,以示后人。

1.在皖江九烈士碑铭上,孙中山题名为"樾",民国安徽省政府立碑题名为"越",均是对"吴越"姓名的历史真实反映。

孙中山为皖江九烈士题字碑刻:烈士周正峰之墓、烈士张星五之墓、烈士李朝栋之墓、烈士张劲夫之墓、烈士吴樾之墓、烈士范传甲之墓、烈士薛哲之墓、烈士胡文彬之墓、烈士刘志贤之墓。落款:孙文题。(原碑刻真迹拓片)

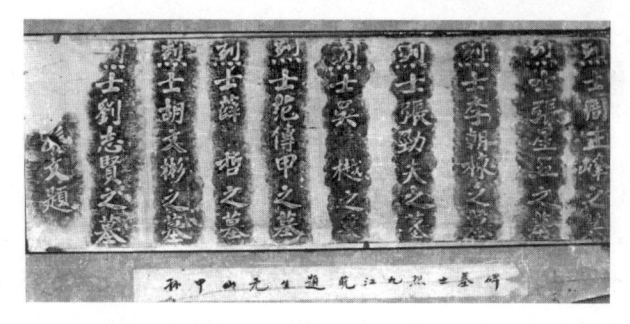

图4-10　原碑刻真迹拓片

孙中山题为"吴樾"。碑文后记有："阅三年，民国成立，都督柏始运至吴枢，命合诸先烈安葬于安庆之平山头。值国事纷纭，厥工未尽。十二年，封树既讫，孙总理遣使致祭，并亲题名墓门云。寿州张之屏撰文。民国二十四年六月日立。"民国十二年（1923年），堆坟开始，孙中山派使节来祭，并亲自题名。说明孙中山总理在日理万机拨冗题写之际，是在没有和安徽官员和幕僚沟通的情况下自己写的，其他烈士姓名都没错，为何唯独错了吴越？

皆因1905年吴越壮烈牺牲之后，清廷的报刊铺天盖地席卷全国"吴樾"名，使得妇孺皆知，闻名遐迩。孙中山在不知"樾"字具体情况下，依据曾经阅读过的清末报纸杂志上的此姓名，因此，才会出现皖江九烈士碑上，"越"与"樾"之差。孙中山也在题字的第二年，1925年3月12日逝世。

再看民国安徽省政府纪念碑铭内容：

皖江九烈士墓表（节选）（原部分碑刻真迹拓片）

图4-11　原部分碑刻真迹拓片

"逊清末造，群僚昏庸，政治窳败，强邻侵袭，国势陵夷，英俊之士遂群趋于革命救国，颠覆帝制，抗御外侮为职志，而皖人之革命运动尤为激进，如九烈士

· 113 ·

其卓□者也。九烈士,曰吴越实导革命先声;曰范传甲、薛哲、张劲夫、李朝栋、张星五、胡文彬、周正峰、刘志贤八人,范领导之太湖秋操举义,同死事于安庆者也。

先是光绪三十一年,清廷遣亲贵五人,游历各邦考察政治,将伪托立宪之名,以饰民望,缓民怒。桐城吴越游学北平,激于义愤,乃图谋一击,以破当道者顽梦,惜乎不中,徒糜其躯。清廷虽颁发九年立宪之诏,终驱逐全国请愿之人,国民于是绝望矣。时中山先生学说昭如日月,举国风从。寿州孙毓筠讲学于乡,提倡革命。柏文蔚安庆入伍,以期实行。张之屏则匿迹皖城,并力……"

碑铭具有标志性、褒美性、纪念性的特征,不是什么人都能轻易而刻的,无论是封禅碑、祠庙碑、功德碑,都是为反映当地重大事件、重要人物,立碑以示表彰、纪念,以昭告后世,庄严性与严肃性,不言而喻。而此民国皖江九烈士纪念碑铭上出现"樾""越"不同,实属罕见。

安庆文史有关方面的回忆录与文献资料,涉及皖江九烈士碑文,"樾"与"越"字之误,剖析因由,还是出在主观因素上不知实情,引用"樾"字,但是从实物碑刻传承的拓片上,反映出来的"越"与"樾"的差异,作为一名文史工作者,就应秉承史实,将原皖江九烈士墓铭文上吴越姓名,真实反映出来。如果未加考证,未经核实,贸然还用"樾"字,会留给后人更大的困惑。

皖江九烈士墓碑铭由民国杰出革命党人、老同盟会员张之屏撰文,张之屏即张树侯(1866—1935),名之屏,字树侯,室名晚菘堂,安徽寿州人,工书画,尤其精通篆刻。曾入安庆武备练军学堂学习,后在安庆"凤鸣"书院任教习,并在此从事反清活动。碑文由安徽第一任总督柏文蔚书写,张辅伯镌刻。

孙中山题字用"吴樾",民国安徽省政府用"吴越",为什么呢?张之屏、柏文蔚等在省城安庆地方上,都是当时民国安徽省政府重要首领、显赫人物,都是为中华民国共和体制缔造出生入死、浴血奋战的经历者们,他们亲历辛亥革命,知晓吴越及与之共事者,第一当事人都健在,在树碑立传,镌刻烈士姓名之前,他们须以亲历并见证的史实,传承给后人,为此,坚持在如此庄严肃穆的纪念烈士碑铭上,镌刻留下不同于孙中山题的"越"字,需要多么大的勇气与毅力,这是坚持历史史实,敬重吴越烈士,也是对孙中山误写不实的"樾"字一种无声的更正。

1912年民国建立之时,民国安徽省政府时刻不忘先烈,都督柏文蔚筹备纪念先烈事宜。运回烈士吴越的灵柩后,下令和安庆辛亥革命诸烈士安葬于平山头。正值国家政局纷纭多事,挖掘基地的工程未完成。民国十二年(1923年),堆坟开始,孙中山总理派遣特使来祭奠,并亲自题写墓门的文字,最后在民国二十四年(1935年)六月竣工。这是皖江九烈士墓修建的过程,从堆坟至竣工,相隔12年,民国初年多事之秋,孙中山题字后第二年逝世,错了也无法弥补。出于敬重国父孙中山,依旧用原错题字,但民国安徽省政府重新在碑铭上用"吴越",予以更正,以示后人。皖江九烈士纪念碑的见证者张之屏于1935年在安庆病逝,柏文蔚于1947年在上海逝世。

一起参加安庆马炮营起义的薛哲堂哥薛子祥,起义失败后离开安庆。民国政府成立后,薛子祥任中国同盟会安徽省分会会长,同盟会改为国民党后,任国民党安徽省支部部长,兼任中国稽勋局安徽分局局长,寻找辛亥革命为国捐躯烈士遗骸,搜集整理烈士事迹。薛子祥主持修建纪念安徽辛亥革命皖江九烈士墓工程,改建"英果敏公祠"为纪念熊成基、范传甲的"熊、范二烈士专祠"。由于讨伐袁世凯失败,倪嗣冲进驻安庆,薛子祥被迫携家眷离开安庆前往上海,安庆国民党安徽省支部及稽勋局安徽分局统统遭到封查法办,档案、文献资料遭到焚毁。

1938年6月12日黎明之际,日寇军舰从江面炮轰安庆城,战机从空中狂轰滥炸,导致西门正街成为一片废墟,可惜皖江九烈士墓碑被毁。安庆沦陷之前,应该对吴越姓名是无争议的,正因战乱,人们背井离乡,流离失所,涉及当时沦陷区政府文献资料散失,另外抗战胜利以后,了解、熟悉吴越及事件的人士先后离世,都是导致后来涉及吴越之名的疑惑、质疑、纷争的原因。

2.1929年民国安庆市政府辟建、命名"吴越街"及1935年编印《安徽先贤传记教科书初稿》中学教科书,均为民国安庆市、安徽省政府确认颁布"吴越"命名的政府官方行为。

民国安庆辟建、命名"吴越街"一事,《安庆文史资料》(皖城古今谈专辑,总第十七辑)陈钧成先生《吴越街的形成》一文,"第二年,由市政工程处处长金慰农呈准,为纪念吴越烈士,命名为'吴越街'"。

此文后一篇,蒋元卿先生《吴越街正误》一文,摘录部分原文:"为什么'吴越'突然变成'吴樾'呢?据《安徽先贤传记教科书》载金猷澍(慰农)称:'梦侠本名越,其作樾者,污也。清廷于其所厌恶之人,每于其名字加偏旁以侮之。

吴越之檥,亦犹孙文之改也。'这种记载又见于张啸岑《吴越烈士事迹》(载《史学工作通讯》1957年2期),金、张二先生均为吴的密友,同办两江公学,共谋革命,知之最稔,其言可信。

吴越牺牲后,其弟吴楚(季膏)于辛亥后一年北上迎榇回皖,葬于安庆市西门外鸭儿塘东岸山。一九二九年,金猷澍主安庆市政处,为辟吴越街于省会安庆,以示不忘。桐城潘赞化创设孟侠学校于桐城以纪念之。

我们搞清楚带木字偏旁的'檥'字,原是侮辱革命烈士的,望今后不能相袭沿用了。"

文中引用"吴越之檥,亦犹孙文之改也"一句,是蒋元卿先生引用了张啸岑《吴越烈士事迹》(载《史学工作通讯》1957年2期)一文,但原《安徽先贤传记教科书初稿》真实的文字是:"吴越之檥,亦犹孙文之汶也。"此处也反映出张啸岑、蒋元卿两位先生,实际并未接触到《安徽先贤传记教科书初稿》原本。

蒋元卿先生1932年就在省立图书馆工作,是1945年抗日战争之前熟悉这段历史的当事人之一,又是文史专家。蒋元卿先生这段文字叙述,清晰讲述了"檥"字出现的原因。民国时期推动"吴越街"命名的金猷澍,即金慰农,后人知晓较少。金慰农(1881—1955),原名金猷澍(此名是金慰农本名,50岁时被国民党政府革职回到老家休宁后,更名金慰农,不再沿用金猷澍),安徽省休宁县欧山村人。著名爱国民主人士。1898年结识吴越,共同创办了《直隶白话报》和两江公学,联络革命党人,宣传革命。1904年,他在保定加入了爱国革命团体"军国民教育会"。在著名革命家杨笃生亲自指导下,与吴越、马鸿亮、杨积厚等,在两江公学的翠竹轩成立了该教育会保定支部,这就是当时闻名遐迩的以刺杀清朝出洋五大臣,揭穿清廷"预备立宪"骗局为目标,借以推动革命的激进组织"北方暗杀团"。金慰农因吴越事件,被清廷缉捕,逃亡美国,后毕业于威斯康星州立大学工学院。1911年10月回到上海。北伐战争结束,他力图从事实业救国。这时,他已年过40岁,任安徽省建设厅总工程师和安庆市政筹备处处长。一度曾赴湖北任湖北省电政管理局局长。后再度回皖,任芜湖工务局局长。他为安徽的城市和交通建设做出过贡献。"吴越街"就是他主持勘测规划和拆迁修建的。新中国成立后,他是安徽省第一届政协委员、省文史馆馆员、省第一届人民代表大会特邀代表。

金猷澍直接参与民国"吴越街"辟建与命名,这是民国政府官方的重要纪念行为,并且"吴越街"命名与树立纪念皖江九烈士碑的"吴越"名一致。至此,民国政府时期沿用"吴越",是被认可的政府行为。

1935年5月,由安徽省通志馆、省立图书馆合编出版《安徽先贤传记教科书初稿》一书,有关"吴越"一文,由吴耕莘编撰,共发出42次征求意见修改修订稿。其中的附录部分,"安徽先贤传记教科书编纂经过编者",讲述了民国安徽省政府编撰的经过,原文摘选如下:

"民国二十三年度,民国政府军事委员会蒋委员长通令各省,着将有益于国家民族与人伦政治经济之历代乡贤事略,照中学教科书体裁,择要编辑,以彰先哲芳烈,而为青年矜式,其令文云:

'查我国为文化最古之国,数千年立德立功立言之人,煜耀史乘,更仆难数。惟嘉言懿行,或因散见传记,稽考不易,或因年代湮远,漫灭堪虞。兹为表彰先哲芳烈,激发国民观感起见,着由各省将有益于国家民族与人伦政治经济之历代乡贤事略,照中学教科书体裁,择要编辑,呈送核阅。但每省最多以三十人为限,其近代如清末民初之有功党国者,亦应选择二三人,一并编入。庶几先贤言行,不致湮没无闻,青年学子,亦获有所矜式,除分令外,合行令仰该主席,即便转饬遵办,此令。'

图4-12

安徽方面,奉此项命令,即由省府指由通史馆与本馆陈馆长会同编辑。当因事关民族文化,未便擅定,遂先会同通志馆草拟国选名单一份,列举安徽先贤六十六人,函请国内政治领袖、学术先进共同圈选,并请酌予增列,以凭去取。所拟备选目录如此:……"

1934年,由民国政府下令,省级政府奉令实施,进行详细的审核审批,这是官方编撰行为,也是一项极为严肃、认真的政治工作,对所选人物、姓氏、生平、事迹,考据核实,审核严谨,可想而知。

而在目录的二十八条一栏"吴越,清,桐城,革命先烈",足显编写组及审核人员,对"吴越"姓名,准确无误地肯定。至此,民国安徽省官方对"吴越"姓名清晰确认,并且是出现在中学教科书上,以传承、教育后人,足显其权威性,这一点毋庸置疑,是民国安徽省政府留下来足以论证"吴越"姓名最有力的佐证。

图4-13　　　　　图4-14

3."吴樾"之名的始因。《安庆文史资料》总第十五辑(安庆人物史料专辑)(一)上,蒋元卿先生在《吴越烈士革命事迹》一文中有载:"……孟侠的同班学友汤谪清记载道:'我们的一个住过同斋舍的同学,在京绥铁路充练习工程师,知道烈士素有革命思想,疑此案与他有关。这个同学因乃兄正在天津赵秉钧手下办警察事务,遂通知其兄说,烈士一足六指,不难辨认。验明果为六指。至此才知道死者的姓名,桐城吴越之名遂闻于天下。'至于此案之善后,汤氏记云:袁世凯的幕友张一麟向袁世凯献计说,吴是直隶高等学堂学生,声张出去将于袁不利,宜严守秘密。一面要赵秉钧派人到京,消灭烈士在桐城会馆留下的一切东西,并将烈士的名字加了'木'旁报案,以便含糊了结。一面派道学先生毛庆藩署理藩司,到保定悄悄了结此案。毛到任不几日,就去查看学堂,出题考试学生,并令对校事提出意见,对品学兼优的学生择优保荐,行为不端的一律除名。考试始终未出榜,只革除了四个学生,都与吴案毫无关系。年终大计,烈士入学的保人,候补知县金祖祺,被用了'心地糊涂,办事颠顶'八个字的考语革职,学堂总办也撤换了。其实赏识烈士的前总办,早已调赴奉天办学去了。至于烈士在保定时办学、办报之事,始终无人过问,不了了之。"

清末至民国时期,国人传统书写顺序格式,保持右行竖书的习惯,自右往左行笔,从上往下,竖行排列,这为"越"字添加"木"字偏旁,提供了书写方便。而今天格式习惯为自左向右行笔,横行排列,字与字之间的间隔,限制添加"木"字偏旁,格式习惯不可能添加。

蒋元卿先生在主要参考文献栏表明第一依据就是《安徽先贤传记教科书初稿》。其出处来源由安徽通志馆、安徽省立图书馆合编《安徽先贤传记教科书初稿》第77页,由吴耕莘撰写"吴越"一文,原注文如下:(注)吴越不名吴樾,据金慰农先生(猷澍)云:孟侠本名越,其作樾者诬也。清廷于其所厌恶之人,每于其名字添旁以侮之,吴越之樾,亦犹孙文之汶也。越有堂弟名吴楚,命名之义正同。慰农先生与孟侠为挚友,同肄业于保定直隶高等学堂,共谋革命,知孟侠最稔,所言可信,用特据以更正。

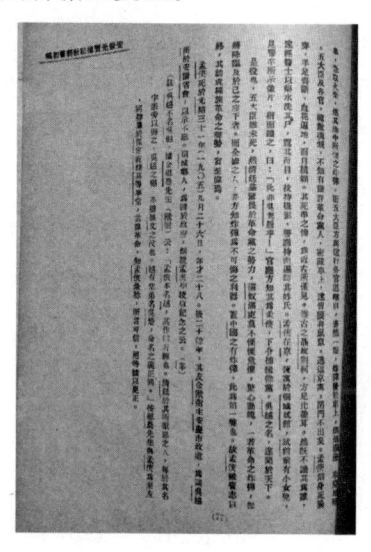

图4-15

因民国二十四年出版的《安徽先贤传记教科书初稿》藏本,现今图书馆、档案馆、博物馆很少见,后人无法接触孤本内容,加上不了解民国安徽省政府命名的具体细节情况,也是导致后来吴越之名为"樾"字,以讹传讹的原因之一。

经查阅《安庆文史资料》所有出版的选辑,发现蒋元卿先生连续涉及"吴越"的文章有两篇,说明对烈士吴越"越"与"樾"研究,一直持续。蒋元卿

(1905—1999),是安徽省一位造诣颇深的图书馆工作者和文献学人。1932年就职于省立图书馆。新中国成立后,他任皖北安庆人民文化馆主任。1950年3月,皖北安庆图书馆成立(后改为安庆市图书馆),他历任副馆长、馆长等职。1984年被安庆市图书馆聘为名誉馆长,1987年被定为研究馆员。曾任安庆市第一、二届人民代表大会代表,安徽省政协委员,安徽地方志编委会顾问,中国图书馆学会会员,安徽省图书馆学会名誉理事,安庆市图书馆学会顾问,安庆历史学会顾问等职。

4.溯本追源,第一当事人汤谪青忆文纠错及早期市博物馆发函更正的史实。

烈士吴越生前熟悉的人金慰农、马鸿亮、赵声以及生前共事熟悉的学友、党人。其中,金慰农的回忆录或者后人回忆有关烈士吴越姓名,均用"越"字,没有看到一个用"樾"字,他与吴越都是同乡,熟悉程度最高,又是第一当事人,弄错姓名,分辨不清"越"与"樾"的概率几乎为零。同党人赵声(1881—1911年),字百先,号伯先,曾用名宋王孙、葛念慈等,江苏丹徒人,1905年与党人吴越结识,互倾肝胆,共谋反清。1911年4月,广州起义失败后,在香港逝世。马鸿亮,在湖南人民出版社1981年出版《辛亥革命史料选辑》上册《吴樾烈士传略》第274页,引用"樾"字。马鸿亮,熟悉吴越的程度不及同乡友人金慰农,金慰农和吴越办学,相处时间最长,其真实、可靠性高于马鸿亮些。

在2009年9月河北大学成人教育学院学报第11卷第3期,由邵宝辉撰《"直隶白话报"主编吴樾生平事迹辨考》一文,原文摘选如下:

"《直隶白话报》光绪乙巳年(三十一年)正月初一,即公历1905年2月4日在河北保定创刊。该报为半月刊,阴历每月初一、十五出版,32开本,每期40页。这是'华北地区最早的革命报刊',也是当时'革命派的知识分子们'所创办的'著名的''白话报刊'之一。该报同时是保定出版最早的民办报刊,河北创办最早的白话报刊。

《直隶白话报》创办人是安徽桐城在保学生吴越,也就是后来因炸清廷出洋五大臣而名满天下的烈士吴樾。"

具体释文如下:吴樾,本名越。张啸岑文中仅称吴越,且有"吴越的胞弟吴楚"云;马鸿亮称"'樾'乃清廷于大逆罪犯于其名必加偏旁";汤谪青称加了"木"旁的"越"字是"袁世凯捏造的"。张、马、汤皆吴樾同学,皆称吴樾为吴越,可见在保定读书用名仍为吴越。后安庆博物馆有人做过考证,吴樾原名越,并建议应予更正。但《民报》"烈士吴君意见书"中有"樾生平既自认为中华革命男子"之语;姚憾《吴樾烈士之略历》谓,"弃前名加木旁为樾,在烈士意思,无木旁之吴越为专制政府之小奴隶,有木旁之吴樾,为有共和思想之自由民。"冯自由《炸清五大臣者吴樾》中称,"原名越,以亲友某尝密为纳监,乃弃前名,加木旁为樾,盖表示与清朝脱离关系也"。笔者从此说,且认为无"更正"之必要。

张啸岑、吴越的胞弟吴楚、马鸿亮、汤谪青,皆肯定吴越为烈士生前的本名。至于《民报》"烈士吴君意见书"、冯自由《炸清五大臣者吴樾》等,从考证上,难以摆脱吴越出事后添加"木"偏旁之嫌,也没有接触《安徽先贤传记教科文书初稿》及民国安庆"吴越街"命名情况,因此,上述对吴樾依据,缺乏考据,不够严谨。汤谪青,即蒋元卿先生在《吴越烈士革命事迹》中的汤谪清。

汤谪青撰写《读章士钊〈书吴樾狙击五大臣事〉后》一文,及附《安徽省安庆市博物馆来信》,收集在由中国人民政治协商会议北京市委员会文史资料委员会编《文史资料选编》第六辑内(26—30页)。在文开始,汤谪青先生就对章行严先生文中的吴越狙击五大臣事,予以肯定,"据我所知,大致不差。但不知何故,烈士之名也沿用袁世凯捏造地加了"木"旁的"樾"字,未予更正,殊属遗憾"。

有幸见到这段记叙"后安庆博物馆有人做过考证,吴樾原名越,并建议应予更正"。来信原文如下:

附:安徽省安庆市博物馆来信

编者按:我们收到汤谪青先生来稿后,曾去信安徽省安庆市有关单位询问有关吴越烈士的情况,安庆市博物馆热心地为我们提供了一些情况。来信照登于下。

1.安庆市原确有一条"吴樾街",地处市中心,略偏东北。一九二七年为纪念吴越烈士而定名。新中国成立后,改建城市时,将该街扩建并与相连接的六条街道合并一起改名为"新宜路",意为新的宜城之路(安庆又名宜城)。以后又改名为"人民路"。"文化大革命"中曾改名"援越街",现又恢复"人民路"之称。

"吴越街"的起名,是为纪念吴越烈士,而"吴樾街"的易名与吴越无关。

2.过去除命名"吴越街"以纪念吴越烈士外,在安庆市中心处还建有"吴樾公园",园内略有动物、植物和花木。该园后为"吴樾街小学"校址。早在新中国成立前,公园、小学均已不存在了。

3."吴樾"原名"越"。我们这儿也曾有人做过考证,并建议应予以更正。理由是清朝有个规定,凡是皇朝叛逆者或是皇法的违犯者,均在名字上加个偏旁,如孙中山先生名"孙文",清廷改为"孙汶"。吴越是激烈的反清分子,故加了偏旁,变成了"吴樾"。又说:吴越有个弟弟叫吴楚,这显然是按照春秋时期的国名排列的行次,由此可见也应是吴越,而不是"吴樾"。

4.吴越字梦霞,后改孟侠(1876—1905),安徽桐城人,幼从其父读私塾,家贫不能自存,只身北上,走谒其族长吴挚甫(汝纶),经介绍入天津北洋高等学堂读书。当时思想进步,眼看戊戌变法失败,义和团农民革命被镇压,认为中国的前途不能再走改良主义的道路,同时认为群众性的革命运动又难以进行,只有实行恐怖主义的暗杀手段才有效果。因此,他一面立案创办直隶的《白话报》,一面与当时的潘缙华、赵伯先、陈独秀等往来,尝曰:"桐城吴越身长存,不杀满奴誓不休。"乘清廷五大臣出洋之机,密入北京,密造炸弹,伪装为绍英差人,混上五大臣火车,抛掷炸弹,不幸引火走火,壮烈牺牲。

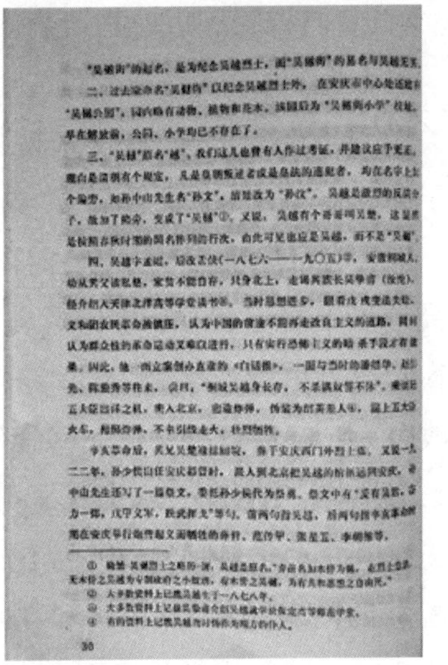

辛亥革命后,其兄吴楚迎榇回皖,葬于安庆西门外烈士墓。又说一九二二年,孙少侯出任安庆都督时,派人到北京把吴越的棺柩运回安庆,孙中山先生还写了一篇祭文,委托孙少侯代为祭奠。祭文中有"爰有吴君,奋力一掷,戊甲义军,跌武挥戈"等句。前两句指吴越,后两句指辛亥革命时期在安庆举行炮营起义而牺牲的薛哲、范传甲、张星五、李朝栋等。

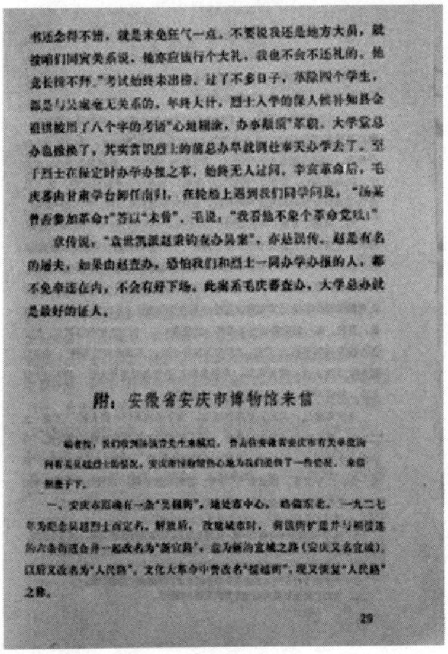

图4-16

此信件字里行间均在论证烈士"吴越"本名。安庆市博物馆在原阶级教育展览馆的基础上于1978年2月成立,反映出早期安庆市博物馆文史工作者,力排争议,发函要求尊重史实,纠错更名的史实。

有观点依据最早清末报刊出现"吴樾"一名,据此实据为可靠,似乎不妥。尚且不说不了解"樾"字出现原因,就"樾"字,其真实性、可靠性而言,作为论证的依据,是否充分?推理出的"樾"字的结论的逻辑性是否可靠?都须缜密考据一番,且考据学是一门学问,也是一门科学,用梁启超在"概论"中有几句扼要的话:其治学之根本方法,在"实事求是""无证不信"。在逻辑学中的演绎推理里,结论可从叫作前提的已知事实,必然得出的推理,具体依据判断式开展逻辑分析。

图4-17

鉴于民国安徽省政府立碑纪念皖江九烈士的碑铭、民国安庆市政府"吴越街"的命名、民国官方教科书的编印采用"吴越"名的实物资料佐证,再有第一当事人金慰农、汤谪青叙述史实为证,继观今中共安徽省委党史研究院(安徽省地方志研究院)的官方网站"安徽党史方志网"的"江淮英杰"栏目介绍,赫然醒目的"吴越"两字及今"吴越街"的命名,说明今安徽省政府、安庆市政府仍延用了"吴越街"的命名史实。

第五篇 现代——皖江新生篇

陈独秀赠送挚友书法对联

8月18日安庆市博物馆(新馆)开馆,展出一副由望江县博物馆收藏的陈独秀对联。

图5-1

上联:金尊银烛销春雨;下联:象管鸾笙护紫云。上联最后一字"雨",是草书体,难辨析。下联"护"字也是草书体。上联题字"毓卿先生之属",下联落款:独秀,钤印白文"陈独秀"篆文。对联高165厘米、宽28厘米。

这副对联是1983年由望江文物管理所工作人员在文物普查中发现,并征集于吴毓卿孙辈手中。据吴毓卿后人回忆,在辛亥革命时期,吴毓卿与陈独秀结识,交往甚笃,故得赠此联,留存后人。今方得昭然若揭,以示众人。

陈独秀先生擅书,篆、隶、草、行皆精,毕生所书墨迹众多,书体各异,尤其精篆、隶,而留存至今的甚少。常见的信札、手稿的字体风格,能体会出先生扎根于传统的帖学系统,还融入了碑学的用笔、体势、风骨。由于历史的原因,陈独秀先生的书法作品,或无奈销毁,或散落民间遗失,或封存秘不示人。现藏于各文博单位、收藏家手上,精美大作甚少,或应酬之作。部分文稿、手札、信件存世,史学研究价值较高,而其书法艺术价值被忽略,近些年,拍卖会上有关先生的手札价格一直价格不菲,也说明这一点。

少年时代,受书画家叔父陈衍庶专注金石书画古玩的影响很大。陈衍庶很喜欢陈独秀,到东北上任时,把陈独秀带在身边,做些文书工作,并亲自教诲其读书识字习礼,对他抱有很大希望。陈独秀书法,早期学"二王",后受清中后期的碑学、乾嘉学派考据学的影响,而近师邓石如,临帖学碑,兼收并蓄,自然雕琢,显示出独特的书法风格与个性鲜明的特色,艺术上丝毫不逊色于民国时期的书法大家。

1944年葛康素《谈陈仲甫先生的书法》一文,为民国时期阐述陈独秀的书法理论与艺术的较早资料。葛康素的父亲葛温仲,为陈独秀青年时代的挚友,与陈独秀一起,参加安庆藏书楼的演说,其妻就是安庆书法大家邓石如第五代孙子邓仲纯的姐姐,而陈独秀二姐的女儿,又是葛温仲第五个儿子的媳妇。再早到邓石如的曾孙,长陈独秀20多岁的邓绳候,两人莫逆之交,邓绳候曾写赠苏曼珠一首诗,诗文:寥落枯禅一纸书,欹斜淡墨渺愁予;酒家三日秦淮景,何处沧波问曼珠。是由陈独秀书写一幅狂草墨宝,转送惠存的。陈邓两家世交,交往甚密。葛康素应该称呼陈独秀为舅父,1939年他也在江津对岸国立九中教书,一直陪伴陈独秀晚年,他在文中写道:

"先生尝书论字三则寄余,兹录之于后:

1.作隶宜勤学古,始能免俗。

2.疏处可容走马,密处不使通风;作书作画,俱宜疏密相间。

3.初学书者,须使粗笔有骨而不臃肿,细笔有肉而不轻挞,而后笔笔有字而小成矣。笔画拖长宜严戒,犹之长枪大戟,非大力者不能使用也。

此论书三则,于学书之道颇具深见,非特初学者宜识之也。先生为人书多草字,信笔挥洒,有精神贯注气势磅礴者,有任手勾勒拖沓笔画者,一循情之所之。先生不求工不求名之志可谓尽矣。"

葛康素评价:先生书法以小篆第一,古隶稍次,然求书者难得其篆隶也。今观现存的陈独秀先生书法作品,大多为行书、草书,而篆、隶书法,民国时期已是稀少,现在更是凤毛麟角,甚是珍贵。

1932年至1937年,陈独秀被关在监狱期间,当时同狱的濮清泉,在后来回忆文《我所知道的陈独秀》中,讲述先生自己对书法的参悟:"写字如作画一样,既要有点天分,也要有些功夫,功夫锻炼内劲,天分表现外秀,字要能达到内劲外秀,那就有点样子,即所谓'中看'了。庸人写字,只讲究临摹碑帖,写来写去,超不出碑帖规范,难免流于笨拙;有点才气的人,又往往不屑临摹,写出来的字有肉无骨,两者都难达妙境。"

陈独秀曾为台静农先生题写过一幅篆书横幅"一曲书屋",后1981年江兆申所作长跋评价:"先生不以书专其长,而笔墨雄健,结体古劲,固能者无不能。或皖公山人一脉润泽绵长否耶?"这是对独秀先生篆书的评价,也道出了先生篆书师承于邓派。

今天安庆望江县博物馆收藏的这幅陈独秀对联,行草用笔圆润凝重,结字拙朴苍劲,气息高古典雅,气韵生动自然,笔势舒展,收纵有度,随意不失章法,行至短处时显得粗疏急促,但笔墨苍劲老辣,浑厚朴实,行似不经意的行笔,细思乃为用笔之精妙也。

经查阅相关资料,悉知此联内容,出自邓石如的隶书对联,此联现收藏在沈阳衍庆宫。目睹两位安庆大书家的两幅书法对联,一位民国时期,一位乾嘉年间,一草一隶,风格迥异,不无感慨,逝者已去,风骨长存。

图5-2

飘逸流畅书风采凌云壮志报国情——陈独秀草书中堂欣赏

安庆桐城市博物馆收藏一幅陈独秀草书中堂，诗文内容："匈奴未灭不为家，卅载风荫两鬓华。故国已成俎上肉，时贤相厄眼中沙。白霜公子调冰水，赤铁道人练火花。宇宙元来一桎梏，心藏丘壑自烟霞。"落款：仰聃兄命书其自九华寄余诗，独秀。下钤印白文篆书"陈独秀印"。

图5-3　陈独秀草书中堂　　　图5-4　陈独秀印

七言诗书写流畅，一气呵成，寄语凌云壮志的报国之情。高136厘米、宽46厘米。此幅书作中华人民共和国成立后由桐城市文化馆转桐城市博物馆收藏，经1985年5月国家革命文物鉴定小组鉴定为一级文物。

落款处"仰聃"，即潘赞化，字赞华，号世壁，晚号仰聃，安庆桐城练潭潘家楼人。诗作由潘赞化从九华山寄给陈独秀，陈独秀先生书写后并未落款年代，从潘赞化诗文"卅载"自语分析，说明书信当时潘赞化年龄40整岁，而潘赞化于1959年8月在安庆逝世，享年75岁，由此推断，陈独秀是在1929年书写这幅草书中堂的。1929年陈独秀两个儿子陈延年、陈乔年相继被国民党杀害，蒋介石也悬赏3万捉拿陈独秀，而陈独秀在上海贫民窟隐姓埋名，直到被捕。

这幅草书作品，见证了陈独秀与潘赞化之间的友情。

程绍颐著《安庆历代名人》一书,这样介绍:潘赞化(1885—1959),原名世壁,字赞华。桐城人。未弱冠即随堂兄晋华与陈独秀、房秩五等人在安庆从事反清活动,曾两度流亡日本。第一次流亡日本,入振武学堂学习军事;第二次流亡日本,入早稻田大学学兽医。时孙中山在东京组建兴中会,赞化与晋华均加入该会(后转为同盟会)。赞化于辛亥革命期间回安庆投新军柏文蔚部,任新军教练。民国元年(1912年),赞化被柏文蔚派往芜湖任海关监督。当时财政部大权为北洋军阀所把持,赞化不将关税缴往北京,断然汇寄上海同盟会。稍后,孙中山出巡芜湖,与赞化见面,极赞其义举。民国二年初,潘赞化因公应酬,邂逅青楼少女陈秀清。陈秀清急欲脱离火坑,恳求赞化收留。赞化爱其聪慧,悯其身世,遂纳其为妾,并改名潘玉良。赞化对玉良不以妾侍对待,热心帮助她学习文化,恩爱情深。不久,袁世凯委任军阀倪嗣冲为安徽都督,柏文蔚的都督职务与赞化的芜湖海关都督职务均被免除。赞化遂携玉良寓居上海,并支持玉良考入上海美专学习。后来又支持玉良两次赴欧留学和从事美术创作,终于使玉良得以跻身于国际画坛名流之列。民国四年(1915年)蔡锷在云南通电讨袁,赞化前往参加讨袁活动。北伐战争期间,赞化任民国政府实业部技正、农矿部简任科科长等职。抗日战争爆发后,赞化奉命赴西北考察实业,到达重庆后,仍在农矿部工作,后转到江津国立第九中学任总务。抗日战争中期,赞化返回桐城,创办孟侠中学。民国三十六年(1947年),赞化由桐城迁居安庆。中华人民共和国成立后,被聘为省文史馆馆员。1959年病逝于安庆。

潘赞化幼时由舅父抚养,后转至堂兄潘晋华任教的上海同文馆继续读书。1901年随堂兄潘晋华回安庆,和陈独秀、葛温仲、张伯寅等,于光绪二十八年在安庆北门拐角头的藏书楼发起演说会。在张伯寅家,组织青年励志社,立志爱国,反帝反清。两次被通缉,逃亡日本。二次革命失败后,潘赞化携潘玉良寓居上海,与被通缉的陈独秀居所毗邻。潘玉良赴上海美专从师刘海粟学习西洋画,后潘赞化通过陈独秀的关系,找到当时安徽省教育厅江彤侯,取得了官费留学生的名额,由潘赞化资助先后在里昂中法大学、巴黎国立美专习画,与徐悲鸿同窗学习西画。1925年,复游学于意大利国立罗马美术学院油画班、雕塑班。1928年归国后,相继任上海美专西画系主任、南京大学油画教授,多次举办个人画展,在民国画坛声名鹊起。

陈独秀1923年10月15日被捕入狱,以"文字为叛国之宣传"罪名被民国政府判刑8年,关押在南京老虎桥监狱。当时潘赞化、潘玉良正好定居南京,因而时常去狱中探望陈独秀先生。潘玉良以陈独秀肖像为题创作油画,这大概是陈独秀的第一幅油画肖像。1936年她在国内举办的最后一次画展,就展出了这幅《陈独秀肖像》,并注明非卖品。展出之前,适逢陈独秀被关押在南京监狱,有友人劝她不要展出这幅肖像,免得招惹政府引来不必要的麻烦,而潘玉良一再坚持,执意要展出。1937年再次旅法前,潘玉良携画探监,并请狱中的陈独秀为自己的画作题词,一方面是对困境中的恩师鼓励,另一方面也想聆听恩师对自己绘画艺术的指导。身陷囹圄的陈独秀慨然应允,且题字寄语,出语非凡。在一幅为《侧身背卧女人体》(作者自署"玉良1937")画作上,陈独秀题:"余识玉良女士二十余年矣,日见其进,未见其止。近所作油画已入纵横自如之境,非复以运笔配色见长矣。今见此新白描体,知其进犹未已也。"在另一幅名为《背立裸女》的画作上,陈独秀题:"以欧洲油画、雕塑之神味入中国之白描,余称之曰新白描,玉良以为然乎? 廿六年初夏独秀。"1937年抗日战争爆发,潘玉良旅法,其画作多次在法国、瑞士、意大利、希腊、比利时等国巡回展出,法国政府及博物馆、英国皇家学院均有珍藏,如巴黎同立现代美术馆收藏她的雕塑作品有《张大千头像》和水彩画《浴后》。西方画坛赞誉她为绘画、雕塑两艺齐名的艺术家。1959年,潘玉良还接受巴黎大学授予的"多尔烈"奖,由巴黎市长亲自为她颁奖。1977年7月,潘玉良病逝巴黎,葬于巴黎市公墓,碑刻汉字"潘玉良艺术家之墓"。1984年由巴黎运回潘玉良的4719件遗作由安徽省博物馆收藏(件数源自原安徽省博物馆《潘玉良四千余件遗作回归故里八年来的回顾》一文)。

足见陈独秀、潘赞化、潘玉良之间的深厚友情。

此幅草书中堂,刚柔相兼,多用圆转,笔姿圆润,书写洒脱,浑厚盈润,以势取胜,恢宏壮观,行笔收起自如,飘逸流畅,而重心沉稳,简朴雅致,兼有王羲之笔意、孙过庭《书谱》之墨迹,疾驰如飞,滞涩如枯,气韵生动,绽放出书体的独特生命之姿势,彰显陈独秀先生鲜明个性与独特风采,正如先生自己用笔论所言:"粗笔有骨""细笔有肉""骨肉停匀,笔锋难验"。就草书的用笔、结构、章法、墨法构成的全局而言,虽细处也含瑕疵,但不失雅色,仍不愧为一手叫绝的好字! 目前,在央视热播《觉醒年代》连续剧中,陈独秀形象以正面主角出现,他凝神握笔书写的身姿,无不令人感慨,字如其人其性!

陈独秀两副"行无身处"七言联

陈独秀一副行书《行无身处七言联》,上联:行无愧怍心常坦;下联:身处艰难气若虹。上款是"海粟先生雅教",下款为"独秀"。该联为民国时期陈独秀被关押在南京狱中题赠刘海粟的对联。行书整体行笔流畅,气势恢宏,内劲外秀,现藏于刘海粟美术馆。

图5-6 行书《行无身处七言联》

安庆程绍颐著《安庆历代名人》一书,有关陈独秀的生平:"陈独秀(1879—1942),字仲甫,号石庵;又谱名庆同,官名乾生。怀宁人。光绪五年(1879年)十月九日出生安庆后营。祖父章旭,'以盐提举候补知县',未仕。家居,对独秀督教甚严。父衍中,优廪贡生。叔衍庶无子,独秀过继给衍庶做嗣子。光绪二十二年(1896年),独秀以鸟兽草木为偏旁组成的难字和生涩的古文,胡乱填写一篇皇皇文,应付不通的'截搭题','蒙住了不通的大宗师',竟中了秀才,且获标名榜首。次年八月,独秀随兄赴南京参加江南乡试,未中。后留学日本,参加了留日学生组织的励志社。光绪二十八年(1902年)春,独秀由日本返回安庆,与潘晋华、潘赞化、张伯寅等在藏书楼举行演说会,组织青年励志社,传播新知,启沃民智,宣传爱国,鼓吹革命。此事为安徽巡抚衙门获悉,独秀等人均被通缉。独秀、赞化等乃又赴日。次年,全国兴起拒俄运动。四月,独秀与赞化同返安庆,邀集同志筹建安徽爱国会,发动省会地区(时安庆为安徽省会)的拒俄运动。五月十七日,独秀等又于藏书楼发起拒俄演说,宣布组织安徽爱国会。两江总督端方闻报,严令安徽地方官府务将陈等拿获;清廷外务部亦电告各省;'似此猖狂悖谬,如同叛逆',应'严密查拿'。独秀被迫潜往上海。在上海,一度曾与章士钊共办《国民日报》。光绪三十年(1904年),独秀复潜回安庆,创办《安徽俗话报》,旋应汪孟邹之邀,迁至芜湖续办。同年,独秀在芜湖安徽公学任教时,与柏文蔚、常恒芳等成立反清组织'岳王会',自任总会长。武昌起义后,安徽随即向清廷宣告独立,独秀应安徽都督孙毓筠之邀,于民国元年(1912年)一月任安徽都督府秘书长。不久,独秀与李光炯等到上海,邀集旅沪同乡成立全皖工赈办事处,募集资金,抢修沿江大堤。同年四月,独秀因与孙毓筠政见不合,辞去秘书长职务,在安庆创办安徽高等学堂,自任教务主任。七月,柏文蔚督皖,任独秀为秘书长,一切施政方针悉由独秀代为规划。后改任都督府顾问。袁世凯恢复帝制,柏文蔚任安徽讨袁军总司令,独秀协助制定安徽讨袁大计,并起草安徽独立宣言。讨袁失败,独秀逃至芜湖。袁世凯任命安徽都督倪嗣冲通告缉拿独秀并抄其家。民国四年(1915年),独秀在上海创办并主编《青年》杂志(后改为《新青年》),提倡科学与民主,抨击封建的伦理道德。民国六年(1917年)任北京大学文科学长(文学院长)。民国七年(1918年)独秀与李大钊创办《每周评论》。此时,独秀大力提倡文学革命,反对封建主义的旧思想、旧文化、旧礼教,抨击北洋军阀政府的卖国政策,是发生于民国八年(1919年)的'五四'新文化运动的领袖。民国九年(1920年)二月,独秀和李大钊等开始探讨成立中国共产党的问题。八月,陈独秀、李达、李汉俊、陈望道等人在上海创建共产主义发起组。民国十年(1921年)七月,在中国共产党的第一次全国代表大会上,陈独秀被选为中央书记。中共第二次、第三次全国代表大会,独秀又当选为中央执行委员会委员长。中共第四次、第五次代表大会,独秀当选为中央委员会总书记。大革命后期,独秀在革命领导权等问题上犯有严重错误,在民国十六年(1927年)的中共'八七'会议上被撤销中共中央总书记的职务。后因反对共产国际,并主张取消主义和组织小集团,被中共中央开除出党。民国二十年(1931年)五月,独秀曾被自称为'中国共产党左派反对派'的托派组织推荐为'总书记'。次年,独秀在上海被国民党政府逮捕。在法庭上和狱中,独秀均不为威胁利诱所屈服或动摇。民国二十六年(1937年)出狱后去四川。民国三十一年(1942年)五月二十七日病逝于四川江津,葬于江津大西门外大康庄。民国三十六年(1947年)六月,其第三子遵母嘱将之迁葬于今安庆市郊叶家冲。独秀学识渊博,且懂日、英、法三国文字。工诗,善隶书,旧学功底深厚,新学造诣尤深,才思敏捷,气质刚强。晚年客居江津,生活虽贫苦,但并不潦倒,有诗述怀云:'幸有艰难可炼骨,依然白发老书生。'国民党政府曾有意资助他,但他坚持以著书授课为生;又曾派人劝他出任劳动部部长,也被拒绝了。独秀晚年生活是寂寞的,但并不颓唐,正如他另两句诗所表述的心情那样:'斩爱力穷翻入梦,炼诗心豁猛通津'——严冰密封的心中,仍然燃烧着熊熊烈火。独秀一生著述甚富,早期著有《扬子江形式略论》一卷、《万国地理新论》二卷;民国十一年(1922年),上海亚东图书馆将独秀在'五四'前后所写的论文、随感录、书信计六十余万字辑为《独秀文存》三卷,分四册出版。此后,独秀又有《我对于抗战的意见》《从国际形势观察中国抗战前途》《字义类例》等论著,诗作则散见于当时的一些报刊上。"

生平对独秀书法,仅仅寥寥数语,言其:工诗,善隶书,旧学功底深厚,新学造诣尤深,才思敏捷,气质刚强。而陈独秀的书法造诣,也算是民国毫不逊色的一位大家。独秀的书法,主要受继父陈衍庶的影响。陈衍庶是晚清民国安徽一位富商、收藏家、书画家,《安徽书画汇编》载:陈庶,字昔凡,石门湖客,石耕老人,四石师斋,怀宁人,独秀父,工书画,初法石谷,晚年作粗笔人物,颇苍健。湖社月刊载庶壬辰(光绪十八年)所作山水扇,注云:"与姜颖生齐名,而神韵过之,近现代画家萧谦中其弟子也。"安博藏光绪二十九年作云嶂层楼图堂幅,又抚罗聘斗笠先生像轴,又仿耕烟江山雪霁图。

陈衍庶曾先后在东北怀德、柳河、新民等地做官,历任怀德、柳州知县等职,将少年陈独秀带在身边,做些文书事情,教导他读书、写字、礼仪等,少年陈独秀耳濡目染,深受收藏、书画造诣较高的陈衍庶的影响。时传闻张作霖曾拜陈衍庶为义父,与陈独秀拜为兄弟,但没有文献、实物资料可考证。后来,陈独秀走上革命救国的道路,很少在回忆录或文章里提笔写过继父陈衍庶的事情,不知何故,留给后人一个永远的谜。

由于陈独秀具有深厚的书法功底和对国画艺术深厚的学养,人生路上遇到刘海粟,自然离不开这一段书画艺术的情缘。1921年,当时北京大学蔡元培校长,邀请刘海粟来北大画法研究会讲学,给他定的一个讲题《欧洲近代艺术思潮》。刘海粟精心准备好讲稿,于12月14日,乘火车北上,这次也是他首次进京讲学。由于蔡元培校长因病住在一家由德国人开办的医院,在这家医院与前来探望的陈独秀先生邂逅,两人一见如故,相见恨晚,日后书信往来不断,成为人生的挚友。

1932年,刘海粟从欧洲回到上海,听闻陈独秀先生被关押在南京第一监狱,第一时间前往南京探望被羁押的陈独秀。阔别多年的挚友,再次逆境重逢,无不感慨,临别之际,刘海粟将准备的笔墨请陈独秀题字留存,陈独秀沉默良久,奋笔疾书,写下酝酿很久的人生座右铭:"行无愧怍心常坦,身处艰难气若虹。"人生大起大落的陈独秀,在狱中以此座右铭释怀,也是自我心襟写照。刘海粟先生一生珍惜此墨宝,从不轻易显露。

上海刘海粟美术馆首任执行馆长杜乐行陪伴刘海粟走完人生的最后岁月,他亲历了刘海粟决定捐献自己的毕生作品和藏品的过程,并见证了从1994年3月29日开始到5月9日结束的整个捐赠作品和藏品的清点过程,以及与家属的曲折谈判。杜乐行和刘海粟谈及尖锐的是否是汉奸的问题,刘海粟说:"我是一个艺术家,是要靠艺术吃饭的。我要是树了太多敌人,我还开什么学校,还搞什么艺术。而且我的婚礼陈独秀也来了,共产党领导也来了。我第二次从欧洲回来,蔡元培来找我,说陈独秀被关在南京老虎桥监狱,其他人都不敢去看他,但是我去看,我就去监狱看他,和他聊天。"陈独秀还给他写了一副对联"行无愧怍心常坦,身处艰难气若虹"。他说:"我到底算共产党还是汉奸?我最后把我这一生的东西都捐给了国家、捐给了共产党,没给国民党,也没给日本人,现在说我汉奸?"他说:"我这个人就是气量大,所以我能活得久。"刘海粟夫人夏伊乔说自己也是画画的,想留一点画画写字的东西,提出了要保留陈独秀在南京监狱书写赠予海老的"行无愧怍心常坦,身处艰难气若虹"的对联,强调刘海粟一生都珍爱此联,珍视与陈独秀先生的友情,不忍割爱分开,留在自己身边。此联曾在1996年刘海粟先生100周年诞辰展出过,其历史、艺术价值不可估量,当世代长存。

图5-7 篆书《行无身处七言联》

陈独秀另外一副篆书《行无身处七言联》,为晚年赠台静农父亲台佛岑所书,上款"佛岑乡丈教正",篆字古朴、苍厚、简拙、深邃,彰显独秀先生独特书法艺术魅力,此联现藏处不详。

黄镇与张艺谋——一段鲜为人知的故事

偶读《将军、外交家、艺术家——黄镇纪念文集》一书时,阅至一篇由赵子岳、于蓝(执笔)的《我们怀念的黄镇》文章,情不自禁为其内容吸引。

粉碎"四人帮"不久,黄镇时任中国文化部部长,前往过老演员赵子岳工作的北影。赵子岳也是太行山的老战友,在忆文中提起,百团大战的最后一次战役中,九路敌人围攻129师司令部的所在地宋家庄,当时政治部副主任黄镇,用"先锋"剧社在村内演出,麻痹敌人,镇定自若,指挥进攻与撤退。电影演员赵子岳,早年曾是太原师范的音乐教师,又擅长绘画,在太行山也经常作画,他十分喜爱黄镇画集中的"愤傲风雪"的梅花。

于蓝文中又提道:还有一件事,一直留印在我的脑海中。那是黄镇刚来文化部不久,发现院内贴满了大字报。一看原来都是电影学院的学生,或是未考上电影学院的学生张贴的。内容是:张艺谋年已28岁,超过摄影系录取的年龄,为什么电影学院还录取他?是亲戚?是后门?有的则尖锐地批评文化部领导(指黄镇)为他走了后门。我读了,真是义愤填膺!一直为我所仰慕的黄镇怎么也为他亲属开了后门?此后,这件事使我很长时间郁闷不解。虽然后来张艺谋当面告诉我他不是黄镇的亲戚,但我仍认为未得到确实证明。直到黄老逝世后,我从他的秘书和他家人口中才得知:黄老和张艺谋确实没有任何亲戚关系,而且以前从未见过面。黄老只是觉得"文革"期间耽误了许多青年人,所以当看到张艺谋给他的"上书",看了张的作品,认为张有才华,便由此而想到还会有类似情况,为不至于把许多有才华的年轻人拒之门外,于是,他在"上书"中批示:张艺谋应不受年龄所限,可以入学。而且,他亲至高教部商量扩大招生名额和放宽年龄限制的问题。

黄镇做了一件好事,但却被那么多人误解,甚至非议!但他没有放在心上,更没有束手束脚。据说优秀演员李秀明和刘晓庆的进京,也都是经过他批准的。他是文艺界的伯乐。

随后,我又在尹家民著《将军不辱使命》一书中,查阅出相关的一段内容,如下:

那天,黄镇在北影视察,紧紧握住太行山老战友赵子岳的手,目光闪耀着强烈的期待,留下一句话:"一定要监督我!"

过了些时候,于蓝去部里办事,发现在欢迎黄部长的大字报上又贴了一层层新的大字报。她凑近一看,原来都是电影学院的学生和没考上电影学院的学生贴的。内容是:张艺谋28岁了,超过摄影系录取的年龄,请问文化部领导,为什么电影学院还录取他?是亲戚?是后门?

于蓝脑袋嗡地一下,顿时义愤填膺。一直以为她所仰慕的黄镇怎么也为他的亲戚开了后门?

回来,她去问赵子岳,赵子岳噘着嘴直眨眼:"不会吧?我没有听说过他有这么个亲戚。"她又去问张艺谋。张艺谋咧着嘴一笑:"我哪是他什么亲戚?黄部长长得什么样我还不清楚呢。"

也许,于蓝还不知道,1977年12月13日,黄镇头一天到文化部上班,面对欢迎的大标语和干部群众高涨的情绪,他没有说一句豪言壮语,而是挨门走访每一间办公室。他需要的是行动。

1977年年底，黄镇从美国卸任归来，李先念找黄镇谈话，要求他到文化部工作。黄镇要来当部长的消息一传开，文化部炸了窝，多数人认为：专门把老资格的文化人黄镇大使从美国调来，中央英明！也有人担心：调来一个老革命，再加上个老公安（指刘复之），这不是要拿咱们开刀？个别人也在观察他："镇"得住美国，未必能镇得住文化部……

担任中宣部第一副部长兼文化部部长的黄镇一上任，便全身心地投入了工作。摘录当时黄镇部长嘱咐范中汇秘书的一段话语："小范，你准备起草两份通知，一份是每星期六上午9时至12时，下午3时至6时，由我亲自接待群众来访。通知上写明：我部所属各单位的干部、文艺工作者和群众，凡需要找我谈话的，可以直接打电话或者写信告诉秘书，说明所在单位、姓名和地址，以便具体安排谈话时间。另一份通知内容，是文化部各副部长每星期接待来访群众的时间和秘书姓名。这两份通知要注明：请向全体同志传达。"

黄镇部长根据调研结果，他决定几项大事：第一，抓整顿队伍。该调出的，该调进的，既要慎重又要干脆利落，明确领导权必须掌握在立场正确、"文革"中没有问题的同志手中。第二，抓思想上的拨乱返正。批判"四人帮"在"文革"中散布的极"左"思潮和种种谬论，及时清除"四人帮"流毒。第三，抓整顿秩序和开展业务。建立健全各种规章制度，克服各种混乱现象。组织和扶持重点的文艺创作，清理积压的创作成品。第四，抓贯彻"二为"方向和"双百"方针，树立民主、团结、奋发图强、兢兢业业的新风气。

张艺谋是幸运的，而后电影《红高粱》展示出他横溢的才华，尤其是2008年北京奥运会开幕式，更是享誉国际，从另个角度，也证实了当年黄镇部长作为伯乐所独具慧眼。事业发展，需要有真才实学的人才去干、去开拓，不要拘泥于条条框框，从长远看，从事业发展出发，"不拘一格降人才"，黄镇与张艺谋，这一段鲜为人知的故事，在今天也具有很深的启迪意义。

潘基文给黄镇题字

　　黄镇纪念馆1993年开馆并对外开放，为安庆市博物馆内部下辖的一个管理部门。因新馆建设推进，2004年从迎江寺熊、范二烈士专祠老馆搬迁至黄镇纪念馆办公后，由于工作的缘故，时常接触到陈列展出的黄镇同志生平实物，印象尤深的一件黄镇军事调处执行部身份证，一件黄镇1974—1975年在美期间的小笔记本，这两件都是一级革命文物。黄镇同志的其他读书笔记，字迹工整，密密麻麻，十分用功。黄镇早年在刘海粟1921年创办的上海美专就读，书画功底深厚，尤其敬佩其为夫人朱霖画的一幅油画肖像，足见黄镇西洋画的非凡魅力。当时新中国刚成立，外交是从印尼开始打开的，随后打开对欧洲的外交局面，后出任驻美联络处主任，见识黄镇同志作为将军、外交家、艺术家多彩人生的一面。从那时起，开始深入接触中国革命史、党史，感受到像黄镇同志这些老一辈革命家身上有一种朴素、顽强、坚忍不拔的革命精神，是革命优良传统，是代代传承的红色基因。日常工作之余，也阅读《黄镇传》及有关书籍，曾撰写一文彰显其提携人才《黄镇与张艺谋——一段鲜为人知的故事》。

图5-8　夫人朱霖肖像油画

　　2013年7月20日下午，当时为筹建新馆，在黄镇纪念馆后面临时搭建的两层工棚房办公，由姚中亮馆长和北京朱霖同志家联系，通知我和时任黄镇纪念馆管理办张文胜主任，一同赴北京黄镇夫人朱霖同志家，领取并护送由联合国秘书长潘基文给黄镇家乡馆题写的两幅字回安庆。

我家住在二环路口，张文胜和我相约，第二天上午，顺着方便的线路，同乘一辆出租车去飞机场。经过机场的安检后，在机场短暂停歇后就登机，乘坐由安庆直达北京的飞机。两个多小时行程，中午到达首都机场。刚下飞机便匆匆和黄河大哥手机联系。因路途不熟悉，如果乘坐公交车，不知道换乘多少车需要多长时间，如果坐错方向更耽误事。为节约时间，我们商定乘坐出租车过去，这样既节省时间，又不耽误事。北京出租车师傅非常热情，和我们攀谈闲聊，出租车飞速穿梭街巷，有些街还堵车，近一个小时，抵达北京东交民巷的外交部宿舍，停车送下我们。

天气非常炎热，已经是下午1点多了。黄河大哥热情地在职工食堂招待了我们，亲自提前点了很多的菜，红烧黄鱼、烧肉、几个素菜等，职工食堂伙食不错。黄河大哥告诉我们朱霖同志在北戴河疗养院，朱霖同志亲自嘱咐他，要热情招待好家乡来的客人。也许是路途辗转，耽搁很久时间，我们略显疲惫，坐下来吹着风扇休息，此时已是饥肠辘辘，我们也不推辞，便美美地吃了一顿。

吃完中饭，便去朱霖同志的家休息。房子是非常普通的五层楼职工宿舍，朱霖同志家是二楼，客厅大点，其他房间很小，整个房间层高很低，但是室内物品，收拾整洁，摆放整齐，一尘不染。旧式家具都有一定的年份了，中间是朱霖同志的一张书桌，墙边老旧式的书橱，木质橱柜柜门镶着明净的玻璃，柜内整齐摆放着很多书籍。墙上挂一幅朱霖同志的相片，木质相框内，九十多岁，满头银发，眼睛炯炯有神，和蔼慈祥的模样，深深吸引住了我。单位有的同事因工作来过北京，和朱霖同志见面，说她像自己家的奶奶一样，十分亲切。这是我第一次来朱霖同志家，没有见上一面，非常遗憾。

黄河大哥将准备好的两幅潘基文题字，当面慢慢展开，我们一起细细查看。一副是题写"庆祝黄镇纪念馆成立二十周年"以及"大爱无疆"四个楷体大字，署名：潘基文，下方留白文"潘基文"篆文印，这是赠黄镇纪念馆的；另一副题写："黄镇图书馆惠存"以及"天地人和"四个楷体大字，署名：潘基文，下方留白文"潘基文"篆文印，这是赠枞阳县黄镇图书馆的。

第五篇 现代——皖江新生篇

图5-9 赠黄镇纪念馆　　图5-10 赠枞阳县黄镇图书馆

欣赏之余，深感到这两幅字的珍贵。在确认无误之后，我们小心翼翼打包好，并装进我们事前准备好的专用存储书画作品的塑料筒密封好。签字办理移交手续后，我们告别离开朱霖同志家。

当时的北京住宿费非常高，房间价格超过单位差旅报销的住宿标准，我们只好提着行李，穿街过巷挨家挨户找。北京真大，合适价格的宾馆真难找，跑了2个多小时，终于在一个偏僻巷子里，询问到一家，价格在300元的宾馆，这是一家由超市改造成的宾馆。我们已是疲惫不堪，别无选择了，办好手续住下来。当时正值大学暑假放假开始，大学生们返回，近2天内北京返回的火车票售罄，根本买不到，考虑随身携带的珍贵物品的安全，只能买3天后晚上的火车票，而且只有硬座车票。登上返回的列车，我们松了一口气。即使是硬座，也是人满为患。我们彻夜都未合眼，轮流休息，警惕戒备，尽量不离开座位，担心疏忽闪失，引起其他人注意，时刻处在高度警惕戒备状态。到达安庆站上午7点多，赶紧将如此贵重的物品，立刻交到保管部，进入文物库房。

此次北京之行，给我留下了难忘的印象。像黄镇、朱霖这些老革命家，参加过红军，经历过两万五千里长征，日常生活也极为朴素、简单，对物质欲望要求很低，但对理想与精神追求很高。朴素平凡，和蔼可亲，乐观的革命精神，高尚的理想追求，让我感受至深。从另一个视角，也令我思考人的精神追求与人的价值取向问题。自1993年以来，朱霖同志将黄镇同志生前工作生活物品、收藏品、文物等近千余件,无偿捐赠给家乡政府,使得黄镇纪念馆馆藏充实丰富起来,极大满足陈列展览的需要。近些年,黄镇纪念馆很快发展成为省级爱国主义教育、国防教育、青少年教育、廉政教育等多个基地,为安庆市文物部门一个重要的对外窗口单位。

2021年4月12日朱霖同志在北京逝世,享年101岁。此时安庆市博物馆的新馆已经开馆。第二天上午噩耗传来,同事们都非常悲痛,聚集在新馆三楼小会议室内,召开了一个简短的追思会。会上视频中播放着朱霖同志生平的音容笑貌,大家肃穆,内心凝重,这样一位德高望重的长辈离我们远去,痛惜、不舍之情油然而生。随后会上,大家你一言我一语发言,怀念朱霖同志无私奉献的精神、高风亮节的品质、对家乡黄镇纪念馆和为家乡发展所做出贡献的事迹等。会上,我也讲述了这次北京之行领取潘基文题字的经历,今特撰文追思朱霖同志。

图5-11 朱霖同志

《长征画集》原作今在何处

安庆市博物馆始建于1978年2月。1981年安庆市人民政府将修缮一新的熊、范二烈士专祠辟建为市博物馆。随后,发展至1993年黄镇生平事迹陈列馆开馆,再至2009年10月安徽中国黄梅戏博物馆开馆,最后至2020年8月18日安庆博物馆开馆。四十多年,一步一步壮大,尤其在黄镇纪念馆的发展上,与北京朱霖同志全家人无私捐赠、鼎力支持家乡博物馆事业建设与地方经济建设密不可分。黄镇同志夫人朱霖同志,也于2021年4月12日北京逝世,享年101岁。

　　黄镇同志1925年毕业于桐城中学,时16岁,在校长孙闻园和美术老师的帮助之下,报考上海美专并被录取。父亲忍痛变卖一些田产,再由族人的公堂资助一些,赴上海求学,师从刘海粟,直到1927年转入潘天寿、俞继凡等创办的上海新华艺术大学,直至毕业。黄镇同志是从事美术专业的,如果不是投身革命事业,一定会成为一位国内享有声誉的书画家。1934年10月黄镇同志随中央红军主力开始长征,爬雪山过草地,历经革命艰苦岁月,这激发了黄镇同志的创作热忱,长征路途上,红军不畏艰险、英勇牺牲、前赴后继、可歌可泣的英雄形象以一幅幅素描、速写的图画形式再现出来。

　　当时黄镇同志在长征途中,利用杂色纸、破笔和锅灰,创作宣传画、写生画、漫画、素描、速写等,有些时候,兴致起来,在山上岩石上、农家的墙头上即兴作画。所作画作达四五百幅,后大多遗失,幸存下来的二十多幅即后来印成的《长征画集》。

　　1938年也是长征取得胜利的第三年,这些画作原稿几经周折辗转,由当时参加过长征的萧华,从陕北带至上海。萧华将画作交付给当时编撰宣传抗日月刊《文献》的阿英,阿英深知画作的历史价值与宣传中国革命红军长征胜利的伟大意义,遂于1938年10月,以画集的方式,完整编印出来,由风雨书屋出版《西行漫画》共25幅作品。因萧华同志本人也参加了红军长征,阿英在初版时误署:"作者:萧华"。初印2000本,很快售罄。

　　1958年人民美术出版社准备重印这本革命传统教育的图画资料,同年12月向阿英借用珍藏的底本,重新出版印刷3000册,并请时任总政治部副主任的萧华写序,萧华矢口否认其为作者,不知道原作者是谁,因此出版后没有署名作者。后来,阿英一直寻找打听原作者是谁。1961年时逢黄镇从印尼回国,画家邵宇向他询问,才得知画作真正作者。至1962年7月再版时正式名为《长征画集》,署名黄镇。再后1977年7月、1982年6月、1986年8月先后再版,且1987年又以英文、法文、日文出版发行。

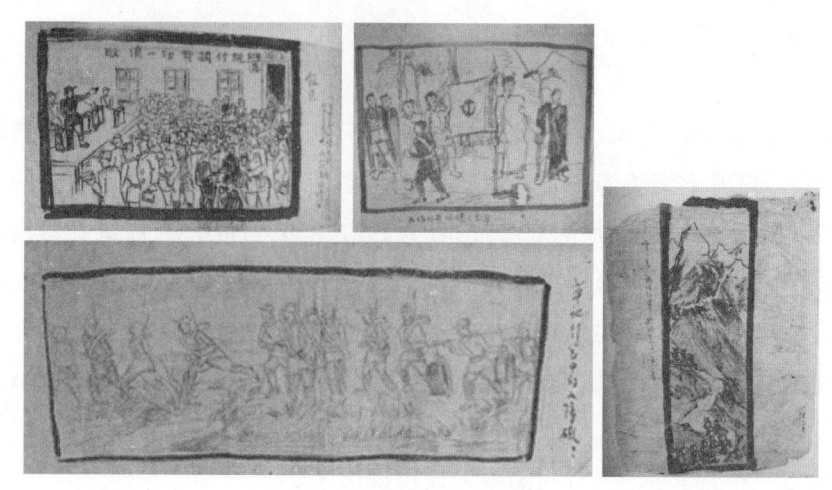

图5-12　长征画集局部图

有关黄镇《长征画集》原作今在何处？

2013年7月，时任驻美大使崔天凯，在一次参观胡佛档案馆时，档案馆主人热情地向他详细介绍并展示该馆研究科目"战争与和平""革命"及其相关的一大批珍贵文物，其中就包含黄镇同志的这批长征书画作品。崔天凯大使最先发现黄镇同志珍贵长征书画原作后，提供线索反馈回国内，引起有关部门高度重视。

应胡佛档案馆馆长艾瑞克·威肯邀请，时任安庆市博物馆姚中亮馆长，于2014年6月经安庆市委、市政府主要领导和省、市外办批准，专程赶赴美国一探究竟。6月17日，在我国驻旧金山领事馆的协助下，由领事馆有关同志、孙建东申明艳夫妇和中国留学生丁胜郁陪同，姚中亮馆长一行抵达胡佛档案馆，受到档案馆艾瑞克·威肯馆长、东亚部主任林孝庭博士、亚洲部主任阮秋芳女士的热情接待，在他们引导下，步入专门为方便鉴赏书画而提供的房间，并介绍说："为了你们的到来，馆里将黄镇长征时期的书画作品全部提出，陈列于此，供鉴定研究，是难以看到的原画作品。平时对外展出的只是原件的复制品或照片。"

排列整齐的一幅幅画作呈现眼前，颜色各有差异，尺寸大小不同。这与黄镇同志在关于《〈长征画集〉的回忆及其他》一文中所说的："长征两万五千里，我画了整整一路，大概也有四五百张。我画画的纸也是五花八门，是些红红绿绿、大大小小不等的杂色纸。"相符合。

第五篇 现代——皖江新生篇

斯坦福大学出版的《精神财富——胡佛研究所藏品启示录》一书中,关于长征素描章节里这样写道:"黄镇的这些独特的作品能够落户胡佛研究所,要归功于埃德加·斯诺和他的妻子'佩吉'(海伦·斯诺的昵称)。1937年,黄镇将他的画作托付给海伦·斯诺,此举大概是为了这些画能够保存下去。1938年,这些作品在上海出版,使用的是原件的摄影作品。画集命名为《西行漫画》,以作为1937年斯诺的《西行漫记》的补充。该书当时只印刷了2000册,大多遗失或损毁于此后几十年的战争中。"

根据对比,同样是25幅,每幅素描构图、文字、内容均相一致。例如:画作1、8、18、22,显然是当地土纸上所画,纸质较差;画作15、26,是绿色纸上所画;画作13、17留有较明显的先用铅笔勾画草图,再用毛笔或者自制毛笔绘制;画作8应该是将锅灰刮下来,烟筒灰捅下来做成的墨所绘制。黄镇同志在《〈长征画集〉的回忆及其他》一文中又提道:"我身上总不定还要存几只笔,铅笔、毛笔都有,用来画速写、画漫画。"他说:"那时,墨也来得不易,我们就把锅灰刮下来,烟筒里的灰捅下来做成墨,用来写标语、写会标、画画。"这些都与胡佛档案馆所藏黄镇这批长征书画作品相吻合。

在胡佛档案馆所藏的尼姆·威尔斯的藏品中明确记载有范围和内容:"20世纪30年代尼姆·威尔斯(海伦·斯诺)与'左翼'画家和诗人交往,收集的信件、作品以及传记材料。"黄镇同志画的长征时期素描就是其中一部分,编号为58002。当问到编号58002是何意?该馆工作人员解释说是1958年整理登记的,档案是002,所以编号58002。目录页上写到:"由中国共产主义画家绘制的长征草图,于1937年在延安给尼姆·威尔斯。"并列有序号:1—26幅画作目录和文字说明以及25幅画作的图片,在第16条目旁边备注:遗失。所以,现在看到的只有25幅画作。因此,胡佛档案馆的藏品建档、编目、摘录都十分规范,保护专业。

原来这些珍品原件,是美国著名的记者海伦·福斯特·斯诺在20世纪捐赠给胡佛档案馆的,海伦是埃德加·斯诺的妻子,两人当时在中国撰写了大量介绍中国革命的通讯与报道。1936年6月斯诺访问陕甘宁边区,成为第一个采访革命红区的西方记者。

目前珍藏在胡佛档案馆的黄镇长征书画原作,均采用透明塑封,硬纸做衬、加框,将画作平整置于其中,再加盒套予以保护。